PROGRESSION

CONSTANTE

DE LA DÉMOCRATIE

Imprimerie de GUSTAVE GRATIOT, 11, rue de la Monnaie.

PROGRESSION

CONSTANTE

DE LA DÉMOCRATIE

DEPUIS SOIXANTE ANS

PAR

J. B. DUMARAIS

ancien magistrat.

> L'Europe, avant cinquante ans, sera cosaque ou républicaine.
>
> NAPOLÉON. 1815.
>
> Avant quinze ans le délai sera expiré.
>
> DUMARAIS.

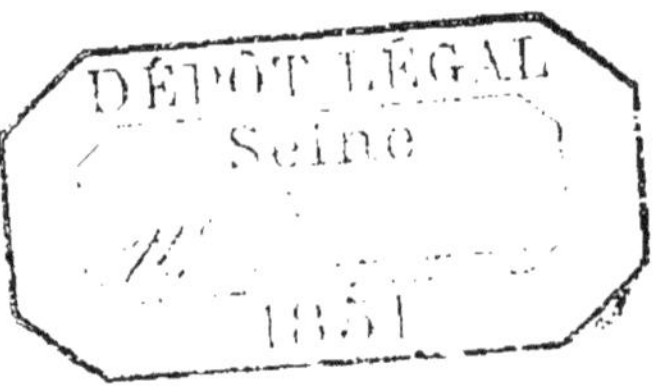

PARIS

GARNIER FRÈRES, ÉDITEURS

PALAIS NATIONAL

1851

INTRODUCTION.

Résultats de la résignation et de la persévérance des peuples.

Archimède avait dit, il y a deux mille ans et plus : « Donnez-moi, dans l'espace, un point d'appui, et ensuite un levier, je soulèverai le monde. » N'ayant pu obtenir ni le point d'appui ni le levier, il n'a pu soulever le monde matériel. Personne ne l'a soulevé ni avant ni depuis lui. Le monde matériel ne sera jamais soulevé.

Mais quant au bien-être des nations, déroutées par ceux qui les exploitent, il existe un tout aussi grand problème à résoudre. Celui-là sera résolu prochainement.

PROBLÈME. *Trouver : 1° le point d'appui ; 2° le levier ; 3° le moyen capables de soulever pacifiquement l'humanité, et de la replacer sur la route qui lui avait été tracée à son origine.*

Ces trois conditions du grand problème social sont trouvées ; tous les résultats majeurs sont déjà obtenus ; il s'agit seulement de ne pas se les laisser reprendre ; il faut que les peuples, disciplinés et admirables de résignation et de patience, marchent au perfectionnement général avec calme, résolûment, d'un pas accéléré, mais prudent.

La réaction est vaincue partout en Europe, quoique ses législateurs, ses administrateurs, ses juges, ses armées et surtout ses organes de publicité, semblent les maîtres de la position ; attentive, elle n'attend qu'une faute pour ressaisir sa proie et se la réasservir. La réaction est acculée partout dans son impuissance. Du calme ! du calme ! elle est vaincue !!!

1° Le point d'appui, *c'est la résistance légale;*
2° Le levier, *c'est le suffrage direct et universel;*
3° Le moyen, *c'est la force d'inertie.*

Oui, ces trois moyens, mis sans cesse, tour à tour ou simultanément en usage, seront irrésistibles. La goutte d'eau qui tombe continuellement sur la pierre la plus dure ne finit-elle pas par la creuser ? De même, à ces trois moyens, toujours en action, restera la victoire définitive.

Ces trois moyens qui paraissent si faibles et sans action puissante, comme la goutte d'eau, parce qu'ils ne présentent point une complication dite savante, sont cependant la providence des peuples ; ils remueront, ils soulèveront et ils replaceront pacifiquement les nations, aujourd'hui exploitées, sur la route qui devait les conduire au perfectionnement humanitaire et social.

Le monde matériel n'est-il pas mis en mouvement par le mécanisme le plus simple ? Ce n'est pas le soleil, c'est la terre qui tourne. Pourquoi faudrait-il, pour gouverner les peuples, un mécanisme légal très compliqué ?

Il n'y a que ceux qui en profitent qui aient constamment refusé de faire les lois d'organisation et autres utiles, et qui aient voulu conserver cette multitude de lois qui ne sont que des moyens détournés d'injustice.

Si l'on en fait sans cesse de nouvelles sans abroger les anciennes, c'est que l'on veut un arsenal complet, un dédale inextricable où personne ne voie clair, ni le peuple, ni les avocats, ni les juges, afin que tout gouvernement et tout fonctionnaire puissent agir arbitrairement. Telle est la France. *Arrière donc, arrière tous les rouages inutiles!* C'est indiqué par le mécanisme si simple du monde matériel.

Le gouvernement précédent avait eu à son origine une velléité de les faire disparaître; il n'a pas persisté longtemps dans cette bonne intention.

Ou le désir de l'arbitraire est le fond du motif, est la cause réelle et vraie de ce fatras de lois obscurément rédigées par des hommes capables de les rédiger clairement, ou toutes nos prétendues supériorités sociales européennes fourvoyées sont complétement incapables de conduire les nations vers l'avenir. Depuis trente-cinq ans ne s'épuisent-elles pas dans le présent, sans savoir comment en sortir? Chaque fois qu'elles reviennent au pouvoir, elles ne connaissent que la marche rétrograde; elles veulent que le passé soit l'avenir : c'est tout à fait impossible!

Mais, enfin, ces ennemis de la légalité, ces prôneurs des moyens légaux et illégaux, de la guerre civile déclarée par eux guerre adorable, sainte et sacrée; enfin, ces maîtres indignes des peuples poussent à l'Assemblée législative leur dernier soupir. Oui, la réaction paralysée, aux abois, est arrivée avec sa loi du 31 mai 1850 contre le suffrage direct et universel, infructueusement pour elle, à la dernière limite de tout ce qu'il lui est possible de vouloir et de tenter pacifiquement en présence de la force d'inertie de la démocratie française.

La réaction consommera désormais ce qui lui reste de sève et d'énergie en efforts entièrement impuissants.

En effet, de quel moyen de rigueur pourrait-on faire usage contre un grand peuple discipliné, marchant avec calme et prudence à la revendication de ses droits, et dont toute l'effervescence et toute la révolte ne vont pas plus loin que l'immobilité ; qui se borne à se croiser les bras et à attendre paisiblement le mois de mai 1852? Nous jouissons d'un calme désespérant pour les adversaires du progrès social. Le progrès chez le peuple est le calme, l'ordre, la discipline aux élections et la connaissance de ses devoirs et de ses droits dans toutes les circonstances de la vie.

Ah ! si ses chefs à l'Assemblée constituante, à l'Assemblée législative surtout, et en dehors, avaient eu autant de dignité, de calme, d'ordre et de discipline qu'ils en ont conseillé au peuple, et que le peuple en a observé, et s'ils avaient toujours parlé, réclamé et protesté à la tribune nationale avec ensemble, méthode, tact et à propos, au lieu de voir la civilisation rebrousser chemin, nous verrions actuellement tous les peuples marcher sur la pente rapide du progrès humanitaire.

Attendons ; tout sera réparé !

Prêchez, messieurs les réactionnaires, prêchez la guerre civile tant que vous voudrez, et ne poursuivez pas ceux qui la préconisent, le peuple, que vous appelez lâche et vile multitude, rit de tous vos accès de rage et méprise votre partialité ; il restera immobile, se croisera les bras et attendra le mois de mai 1852 ; car il veut laisser de votre côté l'évidence de tous les torts et de toutes les provocations.

Vos actions, nous vous le disons pour que vous soyez plus prudents, sont enregistrées par la presse ; elle passera bientôt une grande revue rétrospective de vos lois, de vos actions et de vos discours, depuis trois ans ; elle vous posera en face comme devant un miroir ; vous détournerez les yeux, vous contesterez la vérité et la fidélité du miroir ; mais, en définitive, vous serez forcés de vous rendre à l'évidence ; vous vous ferez horreur à vous-mêmes ; alors le peuple, comme toujours, généreux et magnanime, pour toute vengeance se contentera de vous repousser et de vous renvoyer chacun chez vous.

Vous l'aurez mérité ; car, depuis février 1848, comme après 1830, vos législateurs sont à l'œuvre ; ils font et refont des lois compressives ; mais le peuple, discipliné, calme et inquiet, voit tout ; il vous écoute partout en silence, il apprécie ceux qui l'ont trompé en lui faisant des promesses qu'ils ont violées ; il prononcera bientôt son jugement irrévocable.

Arrière partout ! tous les hommes rétrogrades et de mauvaise foi ! Que la société leur échappe définitivement ! Notre 1852 pacifique approche pacifiquement, il s'avance comme un large flot, comme une mer immense qui enveloppera et submergera tout.

Le peuple alors et ses défenseurs resteront seuls au sommet social, et cette lie, qui pendant des siècles s'était tenue à la surface et l'avait troublée par sa mauvaise foi, sa parole facile et brillante et un front qui ne rougit point, retombera au fond de la société ; alors chacun sera apprécié et recompensé selon son mérite et ses bonnes œuvres. La probité seule surnagera.

Enfin, comme dernière conséquence et conclusion, nous affirmons que la résistance légale, le suffrage direct et universel et la force d'inertie, employés avec calme et persévérance, sont le point d'appui, le levier et le moyen qui replaceront prochainement et pacifiquement l'humanité sur sa route. Ils sont la goutte d'eau qui finit par creuser la pierre la plus dure; ils sont enfin la providence des nations comprimées.

C'est de cette conquête, définitivement acquise par les peuples, que le progrès social s'élancera vers l'avenir, que toutes les tendances civilisatrices partiront pour accomplir leurs destinées sociales. Alors l'humanité tout entière entreverra la fin du mal et le commencement du règne du bien.

Ayons foi et espérance dans un avenir prochainement meilleur.

PROGRESSION

CONSTANTE

DE LA DÉMOCRATIE

DEPUIS SOIXANTE ANS.

L'Europe, avant cinquante ans, sera cosaque ou républicaine.

NAPOLÉON. 1815.

Avant quinze ans le délai sera expiré.

DUMARAIS.

PENSÉE GÉNÉRALE.

Le passé est le flambeau qui éclaire les générations qui se suivent; il est ou plutôt il devrait être le grand enseignement de l'avenir.

Les nations, écartées du droit chemin, malgré des efforts énergiques et incessants, n'ont pu y rentrer : elles en ont été constamment éloignées par des moyens et par des hommes, que tous ensemble, et chacun en particulier, nous réprouvons.

Pendant bien des siècles, les générations écoulées n'ont pu, à cause de leur isolement, faute d'accord et de connaissances, briser les liens et les chaînes, forgés, rivés et reforgés sans cesse, par une impercepttible minorité, forte des divisions qu'elle avait su faire naître et entretenir entre les citoyens réunis en nation, et entre les nations elles-mêmes.

Mais les hommes, enfin unis par leurs relations expansives, comprennent maintenant qu'ils n'ont pas été créés pour être ennemis, et que leurs prétendues inimitiés sont des inventions coupables de ceux qui les exploitent.

Ils ont reconnu que leurs vrais intérêts étaient les mêmes pour tous; qu'ils devaient se rapprocher pour les défendre.

Bientôt ils se tendront une main fraternelle de l'une à l'autre extrémité de l'Europe, de toutes les parties du monde.

Il résulte de la progression constante des faits en France, et même en Europe, pendant les soixante dernières années, que la démocratie est arrivée à un point si avancé, que rien ne peut plus la faire reculer, qu'il faut que ses destinées s'accomplissent; elle peut désormais défier les efforts de ces hommes qui ont égaré la marche des peuples et gouverné le monde au rebours de ses intérêts et à leur profit exclusif.

Il sera facile de se convaincre de ces vérités en étudiant les sept ordres de faits suivants.

PREMIER ORDRE DE FAITS.

Avant 1789, la royauté, appuyée sur le clergé et la noblesse, *était tout*, et le peuple n'*était rien.*

Les scandaleuses prodigalités des rois de France avaient épuisé le trésor public.

La noblesse et le clergé, dont l'égoïsme était sans bornes, se refusaient à payer des dépenses dont ils avaient seuls profité.

Le roi se vit alors forcé d'avoir recours aux états généraux qu'il convoqua en 1789, reconnaissant ainsi au peuple un droit bien minime : celui de payer les dettes de la royauté.

Accoutumés à ne vivre que d'abus et de tromperies, la royauté, le clergé et la noblesse avaient espéré que les états généraux auraient consenti à se laisser tricher, à voter par ordres, c'est-à-dire UN contre DEUX ; mais les représentants du peuple ne voulurent pas qu'on pût leur dire comme aux états généraux précédents : *Parle tant que tu voudras, en définitive tu payeras nos dettes.*

Éclairés sur les droits du peuple et sur les moyens de les faire valoir, ils se constituèrent hardiment en assemblée nationale ; ils firent serment de voter par têtes et de ne se séparer qu'après avoir promulgué les lois régénératrices du peuple français.

Cette assemblée, vraiment digne de sa haute mission, tint parole.

Une lutte longue et terrible s'engagea. La royauté, le clergé, la noblesse disparurent.

Après des oscillations nombreuses, après des combats prodigieux, des triomphes éclatants, des revers plus grands, la royauté reparut, ramenée par l'Europe coalisée contre la France : vingt et un ans s'étaient écoulés depuis sa disparition.

RESTAURATION.

Mais la royauté de 1814 ressemblait peu à celle de 1789; elle était considérablement affaiblie. Le clergé et la noblesse étaient pour elle des soutiens impuissants; il fallait d'abord qu'elle se fît admettre par ce peuple qui n'était *rien* autrefois. Elle revint donc une charte-transaction à la main.

A peine remise sur le trône elle accumula pendant onze mois fautes sur fautes; elle restreignit la liberté de la presse et les moyens de publicité. Elle fit même une loi qui permit l'exportation des céréales, et qui eut pour conséquence de faire augmenter le prix du pain.

Dans ces circonstances maintenant oubliées, la révolution se releva, personnifiée dans un seul homme ; la royauté prit la fuite, laissant des traîtres derrière elle, et Napoléon, acclamé par toutes les voix, porté dans tous les cœurs, fut remis par le peuple au sommet social.

Mais vaincu une seconde fois par l'Europe toujours coalisée, abandonné par la nation dont il avait méconnu les droits, trahi par ceux qu'il avait comblés de bienfaits, il fut envoyé à dix-huit cents lieues de la France, sur un rocher stérile, perdu au milieu des mers, où il agonisa lentement.

Rentrée à la suite des baïonnettes ennemies, la royauté, pour se donner un appui dans le peuple, prenait pour mot d'ordre : *Abolition des droits féodaux; plus de droits réunis.*

Elle se fit accepter, quoique avec répugnance, par la nation, qui espérait trouver une garantie sérieuse dans des promesses brillantes, et dans l'article 2 de la charte de 1814, véritable transaction anti-féodale entre le riche et le pauvre.

Il est conçu en ces termes :

« Tous les Français contribueront indistinctement,
» dans la proportion de leur fortune, aux charges de
» l'État. »

En effet, cet article, dont l'exécution sincère était toute une révolution régénératrice et démocratique, est la négation entière et absolue de tout impôt indirect.

Mais il fut souvent violé, et les autres dispositions de cette charte, donnée avec arrière-pensée, pour ne pas dire à contre-cœur, ne furent pas mieux respectées.

Les lois sur les céréales de 1814, 1819 et 1821, dont nous reparlerons au sixième ordre des faits, furent une violation flagrante de la Charte.

Roi, électeurs, députés, pairs de France, tous grands propriétaires, et pour la plupart représentants de l'ancienne aristocratie, cherchèrent le moyen de combler le déficit que leur avait laissé l'abolition des droits féodaux.

Ils firent des lois permettant l'exportation des blés français, ainsi que nous venons de le dire, et prohibant l'importation des blés étrangers : elles eurent pour conséquence de faire hausser le prix des grains, et de procurer aux propriétaires fonciers une augmentation considérable de revenu.

Mais c'est aux dépens du peuple que ce résultat fut obtenu.

Après les récoltes médiocres de 1827, 1828 et 1829, le peuple, surexcité par la misère, était prêt à tout événement; il était mécontent des prétentions aristocratiques et jésuitiques d'une monarchie imposée par les étrangers; il se leva comme un seul homme, en juillet 1830, contre un gouvernement qui venait de rendre, le 25 juillet, des ordonnances violant ouvertement le pacte fondamental. Enfin, après un combat sanglant et acharné de trois jours, la royauté de 1814 fut vaincue et conduite en exil.

Les ordonnances de Juillet furent le prétexte légitime, mais ces lois qui affamaient et ruinaient le peuple furent la cause réelle de la révolution de 1830.

GOUVERNEMENT DE JUILLET.

Le peuple, ayant renversé la monarchie de 1814, accepta celle de 1830, parce qu'on *devait l'entourer d'institutions républicaines.*

Ces paroles prononcées par un des chefs de la révolution : « Un roi citoyen est la meilleure des républiques, » caractérisent parfaitement l'intention de ceux qui renversèrent la royauté restaurée, et qui créèrent la nouvelle.

Elle ne ressemblait plus à ces anciennes dynasties, pesant sur le peuple de tout leur absolutisme, ni même à la royauté de 1814, qui *transigeait* pour se faire accepter.

Le peuple avait tellement grandi qu'il fit un *roi citoyen*, et choisit celui qui, à force de flatteries, était parvenu à capter sa confiance depuis longtemps.

Le nouveau monarque jura que désormais *la justice serait rendue avec fermeté, et qu'il y aurait sincérité dans l'exécution des lois.*

A cet effet, il nomma une commission chargée de compulser toutes les lois françaises, de rapprocher et coordonner celles qui traitaient de la même matière, de proposer l'abrogation de celles qui étaient tombées en désuétude, ou qui se trouvaient contraires aux principes de la révolution de Juillet.

Un pareil travail, en rendant au peuple un immense service, eût jeté une grande clarté dans notre législation, et l'arbitraire civil, politique, administratif et religieux n'eût plus été possible.

Mais la commission ne fonctionna pas, et cette promesse fut, comme tant d'autres à cette époque, *une amusette à popularité.*

Mais, sourd aux leçons du passé, le gouvernement de Juillet oublia bientôt son origine populaire, et, au lieu de se mettre à la tête du progrès, il imagina une politique rétrograde et adopta un système de juste-milieu qui paralysa son action et prépara sa perte.

Il se hâta d'abord de faire voter les électeurs par arrondissements, destinés, par l'influence que les députés y acquéraient, au moyen de procédés plus ou moins honnêtes, plus ou moins licites, à devenir des arrondissements pourris, comme en Angleterre, ou comme en France avant 89, des *fiefs électoraux*.

Les funestes lois sur les céréales, dont nous avons déjà parlé, continuèrent à faire sentir, en 1832, leur fâcheuse influence; le prix du pain devint très élevé; une grande fermentation exista dans le peuple; des insurrections formidables ébranlèrent, pendant un instant, le nouveau gouvernement; mais elles échouèrent, parce que les chefs qui avaient été à la tête de la révolution en juillet 1830 marchaient d'accord avec le gouvernement, qui n'avait pas encore complétement renié son origine, et qui s'était attaché plusieurs d'entre eux par des avantages sociaux et par des places lucratives.

La dynastie de Juillet, raffermie par la victoire, n'en courut que plus vite à sa ruine; elle abandonna ses amis, rechercha de préférence ceux qu'elle aurait dû éviter, et bientôt elle fut dans l'impossibilité d'oser s'opposer aux *menées légitimistes en Vendée*, où elle vit éclater la guerre civile, qu'elle dut réprimer.

Se croyant assurée du pouvoir par le déshonneur d'une nièce et par des alliances politiques contre nature, la royauté de Juillet ne songea qu'à faire rétrograder la révolution jusqu'avant 89.

Sentant qu'elle n'avait plus d'amis dévoués dans le peuple, dont elle s'était fait un marchepied, elle employa, pour conserver le pouvoir, des moyens honteux.

Alors une corruption hideuse enveloppa toute la nation et déborda de tous côtés : elle partit des hautes régions du gouvernement, et inspira au peuple un dégoût profond.

On trafiqua de tout avec audace et cynisme. L'homme sans moralité acheta, à cette époque, des titres qui n'auraient dû être donnés qu'aux plus dignes.

On vendit des places à des incapables qui n'y avaient aucuns droits;

On accorda des priviléges à l'argent et non au mérite ;

On fit des concessions à ceux qui pouvaient les payer.

Les mains avides et corrompues qui dirigeaient le pouvoir étaient insatiables.

A cette époque, un ancien ministre fut nommé pair de France et président de chambre à la Cour de cassation, à la première cour de justice de France, par ceux qui voulaient acheter son silence.

Et, peu après, la Cour des pairs flétrissait d'une condamnation infamante ce même ancien ministre et ses complices, parmi lesquels figurait une de nos illustrations militaires et un des princes de la finance.

Honte! honte éternelle à tous ces hommes comblés de richesses, de places lucratives et honorifiques, chargés de décorations de tous les ordres! Honte à ces hommes avides et corrompus, restes impurs de tant de gouvernements écroulés les uns sur les autres depuis soixante ans.

Pendant que ces actes honteux déshonoraient le pouvoir, un ministre, qui plus tard fera l'éloge de Monk, le modèle des traîtres, avait l'impudence de dire à ses électeurs : *Vous sentez-vous corrompus?* et, plus loin : *Enrichissez-vous.*

Ces paroles caractérisaient l'époque : ce n'était plus par les mots *honneur* et *patrie* que la royauté cherchait à stimuler le patriotisme du peuple français, elle lui parlait, au contraire, d'ambition, de fortune et de richesses : pour le dominer plus facilement, elle le conduisait à la décadence.

On vit encore les hommes politiques qui avaient à demander la réparation d'atteintes portées à leur honneur, s'adresser aux tribunaux correctionnels, qui ne peuvent admettre la preuve testimoniale, dédaignant ainsi leur juge naturel, le jury devant lequel l'accusé eût pu prouver les faits qu'il avait avancés.

Ils demandaient toujours de l'argent pour réparation de leur honneur, et invoquaient des articles de lois auxquels, avant eux, personne n'avait cru la portée qu'ils leur donnèrent.

Enfin, des crimes commis dans les hautes régions sociales diminuèrent encore le respect du peuple pour les chefs du gouvernement.

La démoralisation était générale partout où la corruption pouvait verser son venin : des députés furent accusés de manœuvres électorales, de connivence avec le gouvernement, et même l'un d'eux fut condamné pour avoir acheté des votes. Les qualifications les plus énergiques et les moins honorables étaient prodiguées aux ministres du haut de la tribune nationale.

Vous êtes un tartufe politique et de moralité, disait-on au ministre des affaires étrangères ;

Vous êtes un tartufe de justice, disait-on au ministre de la justice.

Le peuple écoutait silencieusement ;

Mais ce qui touchait le plus le cœur de chaque citoyen, c'était l'état d'abaissement, vis-à-vis des puissances étrangères, où la royauté avait réduit la France.

La conduite incertaine du gouvernement en Algérie en était un exemple frappant : tantôt il voulait abandonner cette conquête arrosée du sang de nos soldats; tantôt il voulait la conserver. La guerre était faite mollement, sans but bien arrêté ; et le peuple, qui en payait les frais, murmurait de voir que la France n'imposait pas sa volonté et consentait à subir si fatalement les influences étrangères.

Aussi n'aimait-il pas la royauté, qui le traitait et le laissait traiter avec mépris ; qui sacrifiait l'honneur national à ses intérêts personnels et à ceux de sa famille.

Déçu dans ses espérances légitimes, trompé par les hommes qu'il avait portés au pouvoir et qui le reniaient, surexcité par une misère affreuse causée par la famine de 1847, conséquence des lois de 1814, 1819, 1821 et 1832, le peuple était disposé à tout événement.

Cet état des esprits n'échappa pas aux hommes de l'opposition ; des *banquets à portefeuilles*, pour une réforme électorale, *furent organisés par des ministres futurs;*

ils développèrent dans la nation les germes d'un soulèvement général.

Et lorsque le gouvernement voulut empêcher à Paris une de ces manifestations, il était trop tard; car le peuple, profitant de ce prétexte, descendit dans la rue et renversa en trois heures cette royauté déjà tombée sous le mépris :

Elle monta en fiacre et partit tranquillement, le 24 février, à *une heure et demie après-midi.*

Combien les racines de la royauté étaient peu profondes dans le pays ! combien ce principe était anéanti !

En 93, la mort du roi ensanglanta le triomphe du peuple.

En 1830, on conduisit la royauté jusqu'à la frontière.

En 1848, on ne s'en occupa plus quand elle eut passé la grille des Tuileries.

Malgré tout ce qui précède et tout ce qui suivra, l'on doit reconnaître que la révolution actuelle, qui est un fait accompli, immense et indomptable, que cette révolution, qui deviendra sociale, n'a été amenée, n'a surgi, le 24 février, que par l'entêtement de tous les hommes d'État satisfaits des abus dont ils profitaient, qui ont refusé d'accepter successivement quelques réformes toujours insignifiantes.

Elles auraient retardé l'explosion de 1848 de dix ans, et peut-être de vingt ans.

Ces hommes qui ont refusé des concessions faites à

propos, et qui veulent aujourd'hui marcher en arrière, ne doivent accuser qu'eux seuls d'une position sociale qui leur déplaît.

GOUVERNEMENT PROVISOIRE.

Le coup de feu du boulevard des Capucines ne fut point la cause de la révolution de février; la réforme électorale n'en fut également que le prétexte; ce furent la faim, le concours de turpitudes affligeantes et la désaffection générale qui armèrent le peuple.

La place étant laissée libre, un gouvernement provisoire fut immédiatement constitué et chargé d'organiser la République.

Ses premiers actes furent l'abolition de la royauté, la suppression de la pairie, la dissolution de la Chambre des députés et le remplacement des préfets, qui, se rendant justice, avaient abandonné leurs postes; il décréta que l'universalité des citoyens nommerait ses représentants par le suffrage direct et universel.

Il adressa aux peuples et aux rois un manifeste admirable, modèle de franchise, de force et de logique : ce premier acte du gouvernement provisoire vis-à-vis de l'Europe fut accepté par elle avec respect et enthousiasme.

Pourquoi de si beaux sentiments, si noblement exprimés, sont-ils restés sans résultats? Des paroles sont vaines lorsqu'on ne les appuie pas, au besoin, avec force et énergie : cette base d'avenir européen restera, et plus tard sera mise en pratique ; mais, comme s'il eût épuisé ses forces, le gouvernement provisoire s'arrêta là.

Ainsi, il a seulement étêté l'arbre, et il a imprudemment conservé les racines ; au printemps suivant, elles ont végété, puis elles ont repoussé plus vigoureusement qu'auparavant ; elles ont produit des fruits tout aussi amers que par le passé.

Il eût dû extirper avec soin toutes les racines, et profiter de l'exemple des royalistes de 1814 et de 1815, qui destituèrent tous les bonapartistes.

Toutes les révolutions avorteront et n'amèneront que des malheurs inutiles tant qu'on se bornera à des réformes superficielles et imparfaites, tant que les républicains ne prendront pas exemple sur la conduite antérieure de leurs adversaires et qu'ils auront la prétention ridicule de chercher à obtenir leur trompeuse approbation : il faut, sans faiblesse, que les réformes soient radicales.

Le gouvernement provisoire décréta une mesure d'utilité publique, qui fut critiquée sans aucune mesure, quoiqu'elle ne fût prise que pour parer aux inconvénients d'une position qu'il avait trouvée et que de bonne foi l'on ne pouvait lui attribuer : il s'agit du décret relatif à l'impôt des quarante-cinq centimes que chaque contribuable indistinctement dut acquitter dans la proportion de sa fortune.

Afin de ne pas gêner la marche rapide de notre exposé des événements, nous n'apprécierons cet impôt, qui a été exploité d'une manière si funeste à la République, qu'à la fin de ce premier ordre de faits.

Le gouvernement provisoire eût dû, s'emparant de

l'heureuse idée de la royauté de juillet relativement à la révision des lois, charger une commission de proposer d'abroger les unes, de rapporter les autres, enfin de réunir par corps de doctrines les dispositions éparses destinées à régler les rapports sociaux.

Notre jurisprudence eût été enfin débarrassée de ce fatras de lois inutiles où personne ne voit clair.

Mais on ne va jamais au plus pressé; au lieu d'agir activement, on enraye chaque révolution par des discussions théoriques et stériles, l'on décrète cinquante demi-mesures qui froissent plus d'intérêts qu'une réforme radicale, dont les bienfaits seraient plus généraux et plus facilement appréciés.

Il faut le reconnaître, beaucoup de ceux qui se sont emparés de la direction de chaque révolution n'avaient ni assez de connaissances, ni assez d'esprit pratique; ils n'étaient pas à la hauteur de leur nouvelle et haute position; quelques-uns d'entre eux avaient fait de l'opposition sans avoir étudié aucune question à fond, sans avoir réfléchi aux besoins sociaux au delà de ce qu'il leur fallait savoir pour prononcer à la tribune quelque discours ronflant, aux phrases bien arrondies; ils avaient songé avant tout à effrayer le gouvernement, à flatter leurs électeurs, à se donner de l'importance afin d'obtenir ou une réélection, ou un portefeuille, ou une place lucrative.

En effet, plusieurs d'entre eux pendant trente ans se firent nommer une première fois par l'opposition, et aussitôt arrivés à la chambre ils prouvèrent qu'ils étaient dignes d'entrer dans la grande famille des oppresseurs des peuples; ils obtinrent des places très avantageuses: alors, soumis à une réélection, ils étaient renommés par tous ceux qui les avaient repoussés la première fois, auxquels se joignaient quelques électeurs de l'opposition.

Enfin le peuple fut appelé à élire ses représentants à l'Assemblée constituante.

Mais le gouvernement provisoire commit la faute énorme de ne pas faire précéder cette élection de celles des conseils généraux, cantonnaux et municipaux.

La République eût alors reposé sur des bases démocratiques et solides; elle n'eût pas été dès sa naissance entre des mains ennemies qui ont jeté partout l'incertitude et qui ont tout paralysé.

Cependant les élections dans l'esprit des électeurs du 23 avril 1848 furent tout à fait républicaines; ils nommèrent de confiance tous les candidats qui étaient ou qu'ils croyaient être d'anciens républicains; ils accordèrent aussi leurs votes à des hommes rampants qui n'eurent pas honte de faire des professions de foi d'autant plus démocratiques et socialistes qu'ils n'eurent jamais l'intention de les tenir : ces derniers n'eurent pas la franchise de montrer leur drapeau.

Quoi qu'il en soit, le fait matériel du triomphe de la démocratie est positif, sa marche a toujours été ascendante depuis 1789, et la royauté, au contraire, a descendu successivement de tout à rien; en 1789, 1814, 1830 et 1848.

Que le peuple ait du calme et de la persévérance et son succès est pour toujours assuré; il ne subit qu'une halte, qu'un point d'arrêt pour se reconnaître et marcher avec certitude.

Aujourd'hui les positions ont complétement changé : le peuple est devenu *tout* et la royauté n'est *rien*.

RÉACTIONNAIRES.

L'on doit toujours veiller, car la démocratie est entourée d'ennemis qui cherchent à la faire rétrograder.

Peut-elle compter sur le dévouement de ces hommes approbateurs de la royauté qui s'*empressèrent* d'aller saluer le soleil levant de Février et de *crier vive la république plus haut que les républicains eux-mêmes*? Que de malheurs ils appellent sur leur pays! Défenseurs satisfaits de tout ce qui existe, a existé et existera, ils se croient propres à tout et changent d'opinion avec dextérité et sans scrupule; ils ont toujours un drapeau faux teint qui sera blanc, ou rouge, ou tricolore, selon les circonstances; ils sont de tous les partis qui veulent rassasier leurs appétits.

Il est cependant des constitutions de gouvernement qu'ils n'aiment pas; habitués à vivre aux dépens du pays, ils ne peuvent s'accommoder de la démocratie qui rogne ou supprime les traitements inutiles; aussi ne sont-ils venus saluer la République qu'avec la pensée de la renverser.

Mais, quelque chose qu'ils fassent, la République française, soutenue par la volonté générale et surtout par l'évidence de sa nécessité, résistera à leurs attaques.

Tous ces réactionnaires à courte vue demandent : Qui régnera? Est-ce Henri V? est-ce un d'Orléans? est-ce un Bonaparte? et chacun répond à part : Ce ne sera ni celui-ci ni celui-là, ce sera le mien qui occupera le trône quand le moment opportun sera arrivé.

Ce qui fait la faiblesse de ces hommes sans conviction, c'est qu'ils ne peuvent se faire illusion sur leur petit nombre; c'est qu'ils sont effrayés du silence, de la modération et de la désaffection d'un grand peuple qui les écoute avec calme et attention; c'est enfin qu'ils se haïssent plus entre eux qu'ils ne détestent la République, terrain neutre sur lequel ils sont le moins divisés, sur lequel ils peuvent se combattre honnêtement et modérément.

Pendant qu'ils hésitent, pendant qu'ils se repoussent mutuellement et se font une guerre sourde et acharnée, la République grandit, grandit toujours;

Et le peuple désabusé peut se convaincre, d'après le langage qu'ils tiennent à l'Assemblée législative, et partout ailleurs, que la misère qui l'accable depuis 1848 a eu pour principale cause la conduite de ces hommes à doubles masques.

Efforts de la réaction.

La réaction se manifesta, pour la première fois, le 16 mars 1848, dans la démonstration dite des bonnets à poil; mais, le lendemain, deux cent mille républicains se rendirent à l'Hôtel-de-Ville et parcoururent Paris en signe de protestation ; dès lors on fut convaincu que toute attaque contre la République, faite à la clarté des cieux, échouerait certainement.

Depuis ce moment, la réaction changea son plan de campagne : elle n'a plus agi que dans les ténèbres.

Elle supposa de mauvaises intentions à une démonstration républicaine du 16 avril, tout aussi pacifique que celle du 17 mars ; elle fit battre le rappel ; la garde nationale entière se mit sous les armes et vit défiler la manifestation tranquillement devant elle.

Mais, le lendemain, la réaction, n'ayant d'autre but que d'influencer les élections du 23 avril, se vanta d'avoir sauvé la société d'un grand péril, qui n'avait existé que dans son imagination.

Il est certain que les réactionnaires n'auraient jamais eu tant de hardiesse si les républicains eussent marché avec calme et se fussent montrés prudents et disciplinés.

Ces derniers, animés au contraire d'une ardeur contenue depuis bien des années, voulurent se dépasser entre eux et commirent des fautes ; leurs adversaires les mirent en relief et en firent souvent le texte de leurs calomnies.

Les républicains eurent le tort de crier trop souvent Vive la République démocratique et sociale ! Est-ce que ces mots : Vive la République démocratique ! n'étaient pas suffisants ? Est-ce que le mot sociale ajoutait à la réalité ?

Il devenait un prétexte à la peur pour ceux qui désiraient avoir peur, et donnait à la réaction un auxiliaire puissant contre la République.

Les républicains firent du bruit; aucun ne sut prendre possession de la révolution.

Les fonctionnaires poursuivirent d'abord ceux qui crièrent : Vive la République sociale! ils les firent condamner; encouragés par ce premier succès, ils défendirent les cris de : Vive la République démocratique! Toujours de plus en plus hardis, ils traquent, poursuivent et persécutent ceux qui se bornent à crier : Vive la République! Laissez-leur prendre un pied, ils en prendront bientôt quatre.

Dans ces mêmes circonstances, la conduite de la réaction fut très habile, sinon très honnête; elle fit des protestations de républicanisme et de dévouement; d'abord, au moyen de paroles fallacieuses, elle sut se faire accepter à la représentation nationale, et ensuite dans toutes les commissions; de là, elle atteignit son but, qui était d'enrayer la République, tout en ayant l'air de la gouverner républicainement; puis elle employa tous ses efforts pour l'entourer d'institutions monarchiques, pour mieux préparer sa perte.

Si l'on suit pas à pas la marche de la réaction, on voit à chaque étape d'étranges évolutions dans ses actions et dans ses paroles ; ses discours de 1850 ne ressemblent pas à ceux de 1849, et encore moins à ceux de 1848.

Pensant que tout lui était permis contre la démocratie, et attentive à toutes les actions des républicains, elle ne manqua jamais de les dénaturer et de faire tourner contre eux-mêmes les pensées les plus généreuses et les plus sages ; elle ne négligea aucune occasion de faire dévier la République : *elle avait l'expérience parlementaire.*

Comment elle a réussi.

Un général républicain sincère et dévoué, qui avait eu l'imprudence de déclarer qu'il n'accepterait pas le ministère de la guerre tant qu'il n'y aurait pas de troupes à Paris, était un adversaire redoutable aux yeux des réactionnaires ; ils surent l'entourer, se mettre à ses genoux, le circonvenir sans qu'il s'en doutât, et lui inspirer des mesures qu'ils lui reprochèrent plus tard.

La brusque suppression des ateliers nationaux, qui jeta si imprudemment tant de malheureux sans pain dans la rue, fut également leur œuvre ; aussi évaluaient-ils ce que ces ateliers coûtaient chaque jour.

Les insensés, qui ont oublié, pour le succès d'un moment, que les intentions, au dix-neuvième siècle, sont aussi *connues que les actions!*

L'on sera plus tard en droit de leur demander combien a coûté, comparativement, cette terrible répression : c'est là une bien triste évaluation à faire, en hommes, en argent, en discrédit, en ruines de toutes natures.

Appréciant philosophiquement cet horrible résultat, nous craignons qu'il ne soit, à l'insu de la réaction, une guerre de Rome à l'intérieur.

Ce même général, par sa position républicaine, pouvait seul accepter des pouvoirs illimités ; seul il avait assez d'influence et d'autorité pour dominer ces funestes journées.

Il remporta une triste victoire, qu'il ne sut même pas faire tourner au profit des institutions républicaines ; la réaction, au contraire, vit grossir ses rangs de la défection de ces hommes méprisables qui sont toujours placés entre deux opinions sans savoir s'ils pencheront à gauche ou à droite, gens malhonnêtes, coupables de tous les malheurs. La réaction sut solliciter et faire rendre des décrets qui n'eussent jamais dû être demandés et signés par un républicain ; la réaction, insatiable, demanda, un à un, promettant toujours que c'était le dernier, le sacrifice de toutes nos libertés, en faisant croire à des dangers imaginaires.

Elle se montra d'autant plus exigeante que l'on n'avait jamais rien su lui refuser : tous ses avantages provinrent, nous le répétons, de ce qu'elle avait l'expérience des luttes de la tribune.

Enfin, elle obtint une enquête parlementaire sur les journées du 15 mai et sur celles de juin, et elle eut la satisfaction de montrer à la France et à l'Europe étonnées le pitoyable spectacle des membres du gouvernement provisoire et de la commission exécutive s'entre-dénonçant misérablement.

Ils oublièrent qu'ils avaient été un être collectif. Après la répression, le général, ne reculant pas devant la continuation de ses pouvoirs illimités, n'aurait pas dû se mettre ainsi à la remorque, à la complète discrétion de ses ennemis politiques.

Mais ces hommes vieillis dans les cours, dans les parlements, et experts en roueries diplomatiques, ne lui avaient habilement confié que des pouvoirs sans cesse révocables, afin de lui faire jouer leur jeu bien mieux qu'ils n'auraient pu le jouer eux-mêmes.

Aussi, voyant l'épée de Damoclès suspendue sans cesse sur son pouvoir pour le briser, ne marcha-t-il qu'avec faiblesse, et abandonna-t-il les conquêtes de Février, les tendances nouvelles et la direction future de l'humanité.

Pendant ces temps d'orages populaires, l'on élaborait la Constitution de la République. La perfidie réactionnaire fit omettre, dans la Constitution, plusieurs principes essentiels, sous le vain prétexte d'en réserver la discussion aux lois organiques, qu'elle voulait éloigner indéfiniment; en agissant ainsi, elle pensait qu'avec le temps et de l'adresse elle pourrait les amoindrir et même les annihiler; car toute question éludée et ajournée est réservée à un avenir douteux.

Droit de grâce.

Un principe existe en fait, mais il n'a pas été inscrit dans la Constitution; nous voulons parler du droit de grâce. Sous la monarchie constitutionnelle, le roi avait le droit de faire grâce; sous la République, le même droit, au nom du peuple souverain, a été donné au président de la République. Pourquoi a-t-on délégué le droit? La réponse est facile. On refaisait la monarchie; on n'a pas réservé une partie du droit au peuple, qui venait de l'exercer en fait au profit d'un condamné, parce que c'eût été consacrer définitivement la République, qu'on voulait amoindrir.

Malgré les échauffourées de Strasbourg et de Boulogne, et une condamnation, Louis-Napoléon Bonaparte, auquel le peuple venait de faire grâce en le nommant son représentant, fut admis à l'Assemblée constituante : ce fait démocratique devait ête constaté textuellement dans la Constitution par les termes suivants :

« L'universalité des électeurs soit d'un département, « soit de la France, relève de toute incapacité celui de ses « concitoyens qu'elle juge digne de la représenter. »

Un article rédigé dans ce sens devra être inscrit dans la Constitution lors de la première révision.

La démocratie ne doit pas abandonner à la discrétion des juges, quels qu'ils soient, l'honneur de ses meilleurs citoyens, qui, trop souvent, ne sont coupables que parce qu'ils n'ont pas réussi ; elle doit pouvoir, en ne contestant pas un droit pareil à ses adversaires, appeler, par ses suffrages, à la représenter tout homme qu'elle en estime digne et capable : ce qui est reconnu en fait doit être consacré en droit.

Appréciation et preuve.

Le général Cavaignac ne doit pas être jugé trop sévèrement ; sa bonne foi fut surprise ; il a pu avoir le tort de se laisser circonvenir ; mais du moment où la réaction, oubliant son noble et chevaleresque caractère, lui a parlé ouvertement; qu'elle lui a montré l'intention d'appuyer sa candidature à la présidence, s'il voulait prendre envers elle *des engagements écrits* relativement à sa conduite future, il l'a repoussée avec énergie.

Il a refusé la présidence à des conditions anti-républicaines.

Les explications données à cet égard au sein du comité de la rue de Poitiers ne laissent aucun doute; le plus accrédité des organes de ce comité rapporte en ces mots les paroles de son influent protecteur :

« Il cherche seulement à discerner dans l'avenir le-
« quel du général Cavaignac ou du prince Louis Bo-
« naparte fera le bien ou le mal du pays. Le général
« Cavaignac lui paraît avoir une politique indécise,
« qui peut verser dans certains cas d'un côté autre que
« le côté modéré, et par ce motif il conservait à son
« égard une défiance qui ne s'adresse pas à sa per-
« sonne, mais à ses opinions. Sans doute le général
« Cavaignac vaut mieux que les gouvernements qui
« l'ont précédé depuis le 24 février; mais il n'est pas
« tel qu'il faudrait le désirer pour faire un effort décisif.
« L'on n'a pas assez de confiance dans le général Ca-
« vaignac pour se dévouer à sa candidature. La rue de
« Poitiers ne doit pas présenter un candidat parce que
« 1° Le parti modéré se ferait compter d'une manière
« désavantageuse en n'attirant sur son candidat qu'une
« partie des voix, qui lui appartiennent naturellement.
« 2° La division des suffrages empêcherait qu'aucun
« candidat n'ait la majorité absolue. L'élection serait
« en vertu de la nouvelle constitution déférée à l'As-

« semblée nationale et l'Assemblée nommerait in-« contestablement le général Cavaignac; en proposant « un troisième candidat au nom du parti modéré, c'est « le général dont on assurerait la nomination.

« Il faut savoir ce que l'on fait, le dire franchement « et ouvertement et y travailler sans détour.

« On pourrait même tirer de cette nomination des « résultats avantageux pour le pays *en traitant* d'avance « avec le général et en exigeant un programme et des « engagements relativement à certaines *lois à faire ou* « *à révoquer*. Alors on pourrait, en se prononçant pour « lui, décider son succès, le faire arriver enfin par une « victoire et non par une défaite du parti modéré.

« Ainsi donc, pas de candidature au nom du parti « modéré, car c'est l'élection du général par l'assemblée « et sans condition ; c'est de plus la division du parti « modéré qui comprend en France les neuf dixièmes « des voix au moins.

« Je ne travaille pas, dit-il, pour le prince Louis; « je n'ai rien de commun avec lui; mais lui opposer « un concurrent, ce serait, je le répète, diviser le parti « modéré, faire compter ce parti d'une manière dés-« avantageuse, amener le triomphe du général Cavai-« gnac sans avoir obtenu du général aucune garantie « rassurante. »

Triomphe de la réaction.

En quête d'un candidat docile à leurs inspirations les légitimistes, les orléanistes et les prêtres ne donnèrent leurs suffrages qu'à celui qui leur parut le mieux disposé à leur obéir; ils voulaient avant tout empêcher l'élection du général insoumis.

Leur concours ardent, leurs intrigues sont la seule explication raisonnable que l'on puisse donner à l'immense majorité obtenue par le candidat dont le nom seul n'eût pas attiré presque les trois quarts des suffrages exprimés.

Après cette élection l'on vit un spectacle bien digne d'éclairer les peuples et fait pour dissiper les nuages qui voilaient encore la moitié de la vérité à tous les yeux.

On vit tomber aux genoux du nouvel élu tous ces hommes qui, huit ans auparavant, n'avaient pas assez de réprobation contre lui ; qui, trente-quatre ans plus tôt, avaient proscrit son oncle de glorieuse mémoire ; ils sont restés à ses genoux et ils y resteront prosternés jusqu'à ce qu'ils le proscrivent de nouveau.

Car cette race égoïste n'affectionne personne ; elle n'adore que le veau d'or et tout ce qui lui procurera la domination.

Le gouvernement, depuis l'élection du président, fut abandonné à la discrétion des réactionnaires qui l'avaient fait nommer. Tous ses actes furent hostiles à la République ou à la Constitution.

L'opinion des républicains devint sous la République un motif d'exclusion; ils furent partout repoussés, traqués et persécutés.

Si tant d'actes inexplicables n'avaient pas d'autre cause que la faiblesse qui aurait fait donner l'engagement refusé par le général; si M. le président de la République n'avait pas à craindre qu'à chaque velléité d'énergie l'on ne vînt insolemment lui rappeler l'exécution d'une promesse, il serait de son devoir et de son intérêt de répudier hautement une telle position et de ressaisir résolûment son indépendance.

Cessez de trembler, président de la République, devant ces rusés conseillers, demain ils trembleront devant la République : là où est le défenseur sincère du peuple, là est le droit, là est la force, là est la France; du courage! Le peuple aimerait cette démarche hardie d'un homme ami et libre : mais n'allez pas plus loin, car il ne vous suivrait pas : laissez au peuple de bons souvenirs en quittant la présidence.

Si le général dont nous avons parlé avait été nommé le 10 décembre, il aurait agi différemment; désormais investi d'un pouvoir régulier et d'une durée fixe, il eût, dit-on, rejeté bien loin la réaction, et donné une forte impulsion aux idées républicaines; mais le peuple ne comprenant rien aux petites ruses et aux petits calculs, ne l'a point élu : Fais ce que dois, advienne que pourra!

Il a voulu faire subir à ceux qui aspirent à le diriger une plus longue et plus rude épreuve; il avait besoin de voir tomber les masques afin de reconnaître ceux qui s'en servaient. Espérons qu'il sera désillusionné et qu'à l'avenir il donnera sa confiance seulement aux hommes dont les principes ne sont pas équivoques.

Après l'élection du président, pour des motifs recouverts d'un voile qui ne sera soulevé que dans l'avenir, l'Assemblée constituante fut sacrifiée à la réaction ; attaquée avec une excessive violence l'Assemblée s'est suicidée : elle a eu la déplorable faiblesse de décréter sa propre déchéance avant d'avoir voté toutes les lois organiques qu'elle avait *mandat de promulguer*, avant d'avoir posé la République sur des bases solides, cédant avec trop de facilité à des criailleries peu sincères et intéressées.

Partialité.

De nouvelles élections allaient être faites et fournissaient aux réactionnaires une occasion d'augmenter l'influence qu'ils avaient déjà acquise.

Il se forma deux comités électoraux sur une très vaste échelle ; ils embrassèrent toutes les communes de France et fonctionnèrent à la clarté des cieux : celui de la réaction fut partout protégé ; mais celui de la République fut défendu, poursuivi et condamné.

Le comité de la rue de Poitiers confectionna une immense quantité de petits livres qu'il vendit à perte, et distribua même gratis.

Les républicains, de leur côté, vendirent sans rabais des brochures contenant leurs principes ; on les achetait pour les lire de préférence à celles de leurs adversaires, qui ne coûtaient rien. La réaction furieuse osa faire adopter une loi à l'aide de laquelle elle put continuer ses publications et défendre celles des républicains.

Usant de tous les moyens pour dominer les élections, elle fit un appel, qui fut entendu, à l'influence active des conseils généraux et municipaux nommés en juillet et septembre 1848 sous la pression des lugubres journées de juin.

Enfin, elle avait jusque dans les membres du cabinet un puissant auxiliaire, qui n'eut pas honte de recourir à des manœuvres coupables, par une circulaire en date du 12 mai 1849 ; mais l'Assemblée nationale flétrit d'avance, le 15 mai, ces élections, en les blâmant dans la personne d'un des ministres, par la majorité inouïe de 519 voix contre 5, dans la proportion de plus de 99 contre 1 : les membres du cabinet eux-mêmes votèrent le blâme.

Tant d'efforts contribuèrent probablement à la nomination d'un grand nombre de représentants à l'Assemblée législative.

C'est l'impression que causèrent les révélations du procès de Bourges qui agit en sens contraire et qui détermina le département du Cher, où le procès fut jugé, à voter pour les candidats républicains.

Guerre de Rome.

De même qu'on était allé en 1823 étouffer en Espagne les principes libéraux français, ainsi nos réactionnaires, mauvais plagiaires d'une autre époque, allèrent à Rome écraser la républiquefrançaise, mais l'opinion publique se prononça dans un sens diamétralement opposé à celui qu'on avait prévu. Cette guerre imprudente, impie et fratricide, mit en évidence leurs tendances déplorablement rétrogrades.

Cette expédition, qui devait sauvegarder l'influence et l'honneur français, contre-carrer l'Autriche, l'Espagne et Naples, se présenter et être reçue en amie, couvrait un honteux mensonge.

Le ministère avait menti impudemment à l'Assemblée constituante, à la France, à la république romaine, au monde entier.

Sa pensée intime, en attaquant Rome, fut de rendre disponibles les troupes autrichiennes contre les Hongrois et les Italiens. Il faisait donc indirectement et sournoisement alliance avec la Russie, l'Autriche, avec tous les rois, toutes les réactions, contre l'Italie, l'Allemagne, la Hongrie, la France ; en un mot, contre toute l'Europe démocratique.

Notre expédition, partie amie, arriva ennemie devant Rome ; elle attaqua et fut repoussée avec perte : rien ne manqua à la honte. Alors le ministère, pris en flagrant délit de mensonge, balbutia de vaines subtilités et des excuses impossibles ; mais il ne fut pas cru sur sa parole, et un ordre du jour motivé lui enjoignit de ne pas détourner plus longtemps l'expédition d'Italie de son véritable but. Nous devons ajouter qu'il ne tint aucun compte de cet ordre du jour.

Ce qu'il fallait faire.

Des élections générales avaient eu lieu le 13 mai 1849; mais, lors de la vérification des pouvoirs, l'on proposa de les annuler comme entachées des manœuvres dont nous avons parlé; la majorité, issue elle-même de ces suffrages, n'examina point assez et valida des élections qui lui étaient favorables.

Juge et partie, elle prononça une sentence que l'opinion publique n'a pas ratifiée.

C'était le 15, à la fin de la séance, ou le 16 mai, que l'Assemblée constituante, sans hésiter ni trembler, eût dû annuler les élections et en ordonner de nouvelles un ou deux mois plus tard.

Cette décision, d'une nécessité évidente et logique après un blâme prononcé à la majorité flétrissante de plus de 99 contre 1, eût changé la face de la France, de l'Europe et du monde.

A la place de ce résultat, nous n'avons eu qu'un triste et lamentable regret!

Ce jour-là la victoire était complète et irrésistible entre les mains des républicains; ils n'ont su ni la saisir ni la faire tourner au profit des principes démocratiques européens.

Ce qu'il y avait à faire était-il donc si difficile? Le chef de la montagne devait monter à la tribune et dire:

« Plusieurs fois je suis monté à cette tribune pro-

« tester en faveur des principes républicains mé-
« connus, j'y ai dénoncé de nombreuses violations,
« j'ai proposé plusieurs fois inutilement la mise en
« accusation du président de la République et de ses
« ministres; mes demandes n'ont pas été accueillies;
« sans doute, citoyens représentants, vous n'étiez pas
« aussi convaincus que mes amis et moi du danger de
« la République; mais aujourd'hui le doute n'est ni
« possible ni permis.

« Nous venons à la majorité de plus de 99 contre 1
« de blâmer les manœuvres électorales du ministre de
« l'intérieur. Après les élections du 23 avril 1848,
« vous vous le rappelez, nous avons, sans hésiter,
« annulé l'élection d'un citoyen, parce que nous avons
« seulement douté de la pureté des suffrages qui lui
« avaient été accordés. Ce qui a été fait à l'égard d'un
« seul doit être fait à l'égard de tous; aujourd'hui, notre
« devoir, en nous retirant, est de laisser les destinées
« de la République entre des mains pures et à l'abri de
« tous soupçons.

« Je propose l'ordre du jour suivant :

« L'Assemblée constituante, convaincue que les élec-
« tions générales du 13 mai, présent mois, sont le ré-
« sultat de manœuvres électorales coupables, voulant
« sauvegarder la pureté des principes républicains,
« déclare que ces élections sont nulles et non avenues;
« ordonne que les élections générales auront lieu le
« 11 juin prochain pour la France continentale, et,
« pour les autres parties de la République, après des
« délais semblables à ceux déterminés pour les élec-

« tions du 13 mai à l'égard de la Corse, de l'Algérie et « des colonies. »

Nous ignorons quels auraient été les résultats; mais il est certain que les destinées de la patrie eussent reposé sur des bases aussi pures qu'honorables.

Faute; exemple qui ne fut pas suivi.

A l'Assemblée constituante succéda le 28 mai 1849 l'Assemblée législative; suivons et apprécions ses travaux et blâmons tout ce qui doit être blâmé de quelque part que cela vienne.

L'attaque audacieuse et imprévue d'une république protégée par notre Constitution, des abus, des palinodies honteuses et enfin des provocations et des insultes jetées du haut de la tribune envenimèrent les dissentiments et poussèrent les partis à leurs dernières limites.

Des imprudents, prenant leur impatience pour l'expression de l'opinion publique, et des agents provocateurs décidèrent de faire la manifestation du 13 juin.

Comment le chef de la montagne, nommé par cinq départements et porté par plusieurs autres, a-t-il eu la faiblesse de descendre dans la rue et de céder aux instances de ceux qui, rebelles à la discipline, voulaient le jeter dehors de l'Assemblée.

Comment a-t-il pu oublier qu'il était plus utile et plus fort à l'Assemblée législative qu'aux Arts et Métiers?

A la tête d'une minorité dévouée de plus de deux cents membres, il pouvait en discutant avec calme détacher 100 voix de la majorité sur les questions importantes.

Il pouvait empêcher bien des excès de la majorité, sans risquer de compromettre les résultats démocratiques acquis.

Il eût dû prendre modèle sur les oppositions qui avaient précédé, et surtout sur celle de 1824 qui produisit de si immenses résultats. Pourquoi le passé n'a-t-il pas éclairé l'avenir?

L'opposition, à cette époque, était réduite à *dix-sept membres*, puis enfin *à six* par les élections multiples; et un jour qu'ils se levèrent seuls à une contre-épreuve, un imprudent de la majorité s'écria : *Ils ne sont que six !*

Oui! nous ne sommes que six dans cette enceinte, répondit l'énergique Casimir Périer; mais au dehors *nous sommes trente millions.* La majorité d'alors hurla d'indignation à cette parole qui avait frappé juste et que l'avenir a justifiée : derrière l'opposition se trouve toujours l'universalité des citoyens !

Pour faire brèche dans une majorité, l'opposition doit agir avec calme, discipline, méthode et à propos; elle doit monter souvent à la tribune et ne l'occuper chaque fois que peu de temps.

Le chef d'un grand parti ne doit se faire entendre que là, car là il est tout : ailleurs il n'est rien.

Si au dehors un mouvement victorieux surgit, il le régularise; mais ni lui ni ses collègues ne doivent y prendre part; à la tribune ils sont tout : partout ailleurs ils ne sont rien.

Les représentants du peuple ne doivent agir que pacifiquement et se conformer rigoureusement à ce précepte : Fais ce que dois, advienne que pourra!

Cette manifestation malencontreuse, composée d'agitateurs et de gens de la police, n'avait aucunes racines dans le peuple.

Car celui qui vote n'est pas toujours disposé à descendre dans la rue; il l'est encore moins à prendre le fusil.

Cette échauffourée fut promptement dispersée, et cette défaite rejeta bien loin en arrière les progrès pacifiques de la démocratie européenne. Pourquoi avoir laissé échapper le 16 mai 1849 ?

Conséquences de cette journée.

Paris et six départements furent mis en état de siége. Rome, toute l'Italie, la Hongrie et l'Allemagne furent complétement livrées aux vengeances de la réaction.

Un républicain doit désapprouver en toute occasion l'état de siége; ce fut un crime sous la Restauration et sous le gouvernement de Juillet; l'on ne devait pas admettre que ce qui fut coupable sous plusieurs gouvernements soit innocent sous d'autres : il faut toujours respecter les principes.

L'expédition de Rome prit bientôt les plus grandes proportions; les négociations entamées par notre envoyé extraordinaire ne furent pas suivies par le gouvernement, et quand le ministère fut forcé de venir expliquer sa politique à la tribune nationale, il osa avouer, pouvant s'appuyer sur la majorité d'une nouvelle assemblée, qu'en allant à Rome le gouvernement s'était proposé de renverser la république romaine et de rétablir au nom de la chrétienté la puissance temporelle du pape, et de réagir contre la République française.

Après l'entrée de nos armées dans Rome, le président de notre République a voulu parler avec fermeté au nom du peuple français.

Mais il avait à lutter contre la ténacité des prêtres romains, des cardinaux ministres, et de nos réactionnaires qui ont arrêté bientôt ses efforts ; puis ils ont su le conduire, de chute en chute, de reculade en reculade, jusqu'à lui faire accepter moins qu'ils ne lui avaient offert avant sa lettre du 18 août 1849.

Les vaincus cette fois ont fait la loi aux vainqueurs.

Le pape est rentré à Rome dans des circonstances semblables à celles qui ramenèrent les Bourbons en France en 1814.

Où sont maintenant les Bourbons reçus sous la protection de nos ennemis ? Ils sont où sera prochainement la puissance temporelle des papes.

Cette puissance n'est donc pas sympathique au peuple puisqu'il a fallu pour la ramener après dix-huit mois d'absence, sur lesquels il faut compter neuf mois d'hésitation, les quatre armées française, autrichienne, espagnole et napolitaine, fortes de plus de 200,000 soldats et qu'il faut encore pour la maintenir plus de

100,000 hommes et le réasservissement de l'Europe entière.

Sous la pression de ces forces supérieures, la démocratie italienne écrasée courbe la tête, mais elle se relèvera triomphante.

Le réveil et la toute-puissance d'un petit carré de papier.

En France, la réaction, se croyant trop certaine du succès, ne craignit plus de dire tout haut par ses chefs et par ses organes de publicité toutes ses pensées et toutes ses espérances ; elle répéta bien des fois que le 24 février était un jour funeste ; qu'elle n'avait jamais accepté la République qui n'était bonne qu'à détruire ; mais bientôt l'esprit public, courbé pendant quelque temps, se releva énergiquement, apprécia encore une fois tout le chemin fait en arrière, et se trouva subitement éclairé par l'attitude calme et ferme des accusés devant la cour de Versailles.

De son côté, Paris indigné fit justice le 10 mars 1850 de tant de jactance ; il nomma trois représentants socialistes, c'est-à-dire démocrates.

A tant d'audace succéda aussitôt le désespoir ; beaucoup de propositions compressives, faites avant et après ces élections, avortèrent honteusement devant la toute-puissance de la manifestation du peuple.

Toutes les armées de la réaction furent mises en route par *un petit carré de papier* renouvelé cent trente-deux mille fois : tout ce qui est fait conformément aux lois de la nature est toujours d'une extrême simplicité.

Les soldats du Russe, de l'Autrichien, du Prussien et de plusieurs autres rois, qui paraissaient vouloir avancer vers nos frontières, furent mis également en déroute au moyen de ce petit carré de papier, et les troupes des belliqueux rois de l'Europe, battues pacifiquement par la démocratie, rentrèrent dans leurs quartiers et resteront tranquillement sur leurs territoires.

Ces élections eurent l'immense avantage de rallier sous le même drapeau toutes les nuances sincèrement attachées au parti démocratique et les hommes qui veulent examiner toutes les questions sociales, afin de les adopter ou de les rejeter.

Après cette élection, la réaction, dans un accès de désespoir, s'est écriée : *tout est perdu ; la société nous échappe !* Alors la démocratie parisienne, voulant répondre sans équivoque à ces lamentations, fit opter pour un autre département l'un des élus du 10 mars, et produisit une candidature socialiste pour l'élection du 28 avril.

Éclipse totale de la réaction.

Mais la réaction n'ayant pas réussi en marchant, enseignes déployées, eut, en avril 1850, la pensée de s'effacer complétement et de mettre son drapeau dans sa poche comme pendant toute l'année 1848.

On assista alors à un fait très significatif, inattendu, incroyable.

La réaction, au lieu de présenter aux suffrages de

Paris l'un de ses trois candidats qui avaient obtenu 125,000 voix aux élections du 10 mars, produisit la modeste candidature d'un ancien marchand de bois devenu marchand de papier.

Pourquoi cette absence de confiance en soi-même ? Pourquoi cette éclipse totale ?

Si la réaction se croit assez d'influence sur le pays pour faire nommer le roi de son choix en agissant à visage découvert, pourquoi ne produit-elle pas un candidat sérieux ?

Quelle preuve de néant de tant de prétentions !

Que l'orgueil de vos hommes de robe, d'épée, de naissance, de science et de fortune a dû être humilié ! quelle éclipse totale ! que d'abnégation hypocrite pour tromper le peuple et le dominer !

Qu'a donc fait la réaction de toutes ses illustrations et de toutes ses supériorités sociales pour n'oser en produire aucune ? A quel degré d'abaissement est-elle donc réduite, puisqu'elle vient chercher dans les rangs peu élevés de la démocratie son candidat malheureux ?

O honte ! ils ne sont pas même tombés honorablement, car ils n'ont pas combattu à visage découvert.

Ces caméléons se relèveront-ils d'un tel échec ? Il faut le craindre. Ne sont-ils pas des caméléons ? Ne revêtent-ils pas les couleurs les plus différentes à volonté et sans scrupule ?

Qu'ils ne viennent donc plus nous dire qu'ils sont sympathiques à toute la population ; que le parti dit honnête et modéré *compte au-delà des neuf dixièmes dans l'universalité de la population*, car ils savent que le peuple les repousse de partout : ils produiront eux-mêmes plus tard cette preuve.

Enfin la démocratie, certaine d'un succès pacifique, s'est avancée le 28 avril sublime de patience, maîtresse d'elle-même, avec ordre et discipline à la confirmation de sa victoire du 10 mars.

Le suffrage universel a encore une fois mis en déroute toutes les belliqueuses armées réactionnaires de l'Europe, et leur a imposé sa volonté souveraine et la paix générale.

Création d'une vile multitude.

Alors tous les chefs de la réaction, voyant qu'ils n'auraient plus la majorité aux élections, ont ordonné à leur ministre de l'intérieur de nommer une commission, à l'effet de rechercher les moyens de faire fonctionner le suffrage universel honnêtement et modérément sans y appeler l'universalité des citoyens.

Cette commission de burgraves, composée des dix-sept principaux chefs des factions légitimiste et orléaniste, présenta bientôt une loi qui soumettait à une résidence de trois ans dans le même canton la qualité d'électeur; on ordonna qu'elle serait discutée d'urgence malgré les termes de la Constitution qui, après avoir créé une chambre unique, avait ordonné que tous les projets de loi importants seraient soumis à trois délibérations, éloignées les unes des autres de cinq jours au moins. Malgré le désir d'enlever cette loi d'emblée, la discussion fut longue et laborieuse. Son adoption parut un instant incertaine, quoique toute sa portée n'eût pas été révélée.

Et dans l'ardeur de la discussion un représentant, connu par sa parole facile et ses assertions audacieuses, dit que la nouvelle loi était destinée à atteindre et n'atteindrait que la *vile multitude ;* qu'elle n'avait ni un autre but, ni une autre portée, et qu'il appelait ainsi cette partie de la nation qui avait renversé la statue de l'empereur Napoléon du haut de la colonne Vendôme.

Il est faux de dire que ce soit le peuple, en 1814, qui ait renversé la statue de l'Empereur de la colonne de la place Vendôme.

Il est également faux que le prolétariat soit une vile multitude ; il est honteux qu'on l'ait dit ; l'on est blâmable de quelque côté que l'on siége de n'avoir point protesté énergiquement contre un tel blasphème politique. Il y a autant de moralité, proportion du nombre gardé, dans la personne du pauvre que dans celle du riche ; son calme et sa discipline en prenant part au suffrage universel l'ont prouvé plusieurs fois.

Enfin, la loi fut votée le 31 mai 1850.

Son but caché est de réserver à l'Assemblée législative le droit d'élire le président de la République en mai 1852.

Leur victoire les embarrassera.

L'on affirme que M. le président de la République a promulgué cette loi sans en avoir apprécié l'étendue et la portée. Patience ! l'avenir révélera la vérité.

Examinée sous une autre face, cette loi n'atteindra

pas le but que la réaction s'était proposé; car, indignés de tant d'audace, de tant de violence et de partialité, bien des électeurs maintenus sur les listes et sur lesquels la réaction pouvait encore compter, passeront sans retour possible à la démocratie.

L'on aura porté inutilement une main téméraire et coupable sur le suffrage universel.

L'insulte et la qualification de vile multitude données à la partie jeune, forte et active de la nation, à presque trois millions d'hommes énergiques, n'est point la solution de la difficulté frémissante de notre époque; elle en est l'imprudente aggravation.

Comme une mer calme et immense, le flot populaire grossi par l'indignation concentrée arrivera régulièrement et paisiblement; il couvrira de ses larges vagues toute la réaction paralysée, et il montera toujours, toujours, jusqu'en mai 1852, époque où il submergera tout.

A chacun sa responsabilité.

Ce ne sera pas une dissolution, ce sera seulement une simple transformation de la société.

Vingt-sixième loi contre la presse depuis 1814.

Les réactionnaires n'étaient pas encore rassurés sur leur avenir, ils s'empressèrent de voter une nouvelle loi contre la presse.

Il faudra à l'avenir que les écrivains se dénoncent eux-mêmes par leurs signatures; alors, le pouvoir pourra choisir les républicains qu'il voudra poursuivre et tourmenter; il connaîtra aussi ses amis auxquels il ne manquera pas de laisser toute liberté et toute licence.

Guerre civile sanctifiée.

Fiers de tant de concessions et croyant marcher à un triomphe certain, les réactionnaires eurent constamment depuis ce moment la menace à la bouche. Leur mot d'ordre fut : « Guerre de Rome à l'intérieur. » Depuis soixante ans aucune parole ne fut plus coupable que ce souhait homicide !

C'est très significatif, et pour que nul ne puisse se méprendre sur le sens de cette expression, un journal légitimiste a formulé en ces termes la provocation lancée du haut de la tribune nationale.

« La guerre civile est de toutes les guerres la plus « raisonnable et la plus sainte.

« La guerre civile doit apparaître comme la guerre « sacrée.

« Nous devons y pousser de tous nos efforts.

« C'est un fait adorablement providentiel.

« La vertu de l'homme est d'être un combat vivant.

« La seule expression de la pensée qui croit à la vé« rité, c'est la force qui ne craint pas de donner la « mort.

« Quand l'ordre a été profondément troublé, il ne se « rétablit que dans le sang. Dieu ne fait pas comme les « petits défenseurs de tolérance qui ont inventé l'in« dulgente distinction de la doctrine et de la personne.

« Il faut que la guerre civile soit implacable pour être « plus tôt finie. »

Aucune poursuite n'a été exercée contre l'auteur de cet article. Le ministère public, en audience publique, a dit que cet écrit ne contenait qu'une appréciation philosophique : il est permis de ne pas être de cet avis.

La guerre civile ne ferait donc pas horreur à la réaction !

Quels sont donc les citoyens qu'il faudrait faire disparaître dans des flots de sang pour rétablir l'ordre ?

Cette page atroce restera dans l'histoire comme un stigmate flétrissant, et en même temps comme l'explication des crimes d'une autre époque; elle engagera les démocrates à rechercher plus attentivement dans les faits de la première révolution, dans tous ceux qui l'ont suivie jusqu'à ce jour et qu'on attribue à la république et aux républicains, ceux qui peuvent s'expliquer par la conduite et les maximes des réactionnaires de tous les temps.

Excitations, complications et résultat.

Enfin, par des provocations directes, les réactionnaires tâchèrent de pousser le peuple à l'insurrection ; ils recherchèrent tous les moyens de froisser ses sentiments, de le blesser dans ce qu'il aimait; ils firent renverser les arbres de la liberté ; ils obtinrent la suspension des journaux qu'il se plaisait à lire, et la destitution de plusieurs instituteurs.

L'Assemblée législative a pris des vacances. Pendant ce temps, il s'est passé des faits significatifs : le président de la République a invité des officiers et des sous-officiers à un banquet à l'Elysée ; il a fait des voyages dans l'est et dans l'ouest de la France pour apprécier quelle influence avait le prestige napoléonien ; il a passé des revues dans la plaine de Satory où des cris de : *Vive l'Empereur !* ont été récompensés et où le seul silence fut puni.

D'un autre côté, des membres de l'Assemblée législative et des membres de la commission de permanence sont allés les uns à Claremont et les autres à Wiesbaden, avec des intentions qui paraissent être loin d'avoir pour but de soutenir le président, la Constitution et la République.

Il existait une réunion dite du Dix-Décembre qu'il a fallu dissoudre. Il y eut un procès scandaleux, Allais et Yon, qui n'a pas été tiré au clair. L'Assemblée, par son bureau, a défendu et maintenu M. Yon, son commissaire de police.

Dans ces circonstances, un fameux ordre du jour fut publié par les journaux ; il donna lieu à des interpellations et à des explications de la part du commandant de toutes les forces militaires de Paris.

Tout semblait terminé, mais tout n'était qu'ajourné ; car le président de l'Assemblée législative étant allé le 31 décembre, soit officieusement, soit officiellement, faire une visite de nouvel an à M. le président de la République, ces deux plus hauts personnages de l'époque s'adressèrent réciproquement des discours aigres-doux qui dissimulèrent mal les mécontentements, les rancunes et les arrière-pensées qui étaient au fond de leurs cœurs ulcérés.

Ces discours sont des pronostics d'orages qui se forment à l'horizon et qui ne peuvent pas tarder à éclater et à troubler la paix et la sécurité publiques; ils sont la révélation de passions qui ont besoin de se produire et qui amèneront la dislocation complète de coalitions monstrueusement hétérogènes, qui ne peuvent ni vivre en paix ni dissimuler pendant plus longtemps leurs haines et leurs espérances réciproquement répulsives. Elles discuteront avec acharnement et violence en présence de la République qui, juge du camp, en acquerra une force nouvelle et plus irrésistible : attendons.

Mais tant d'actes impunis échouèrent et n'aboutirent qu'à faire reconnaître le véritable esprit qui animait les réactionnaires.

De tant de colères et de rages contre la République, il ne résultera que la honte de leurs mauvaises intentions, la conviction de leur impuissance et les malheurs individuels semés sous les pas de la réaction.

Elle sera méprisée par le peuple souverain digne et calme, qui, d'un souffle, renversera tant d'échafaudages inutiles comme en 1789, en 1830 et en 1848.

Malgré tant d'efforts, le peuple conservera sa liberté et sa force, car lui seul est tout. Les rois, le clergé et les privilégiés ne sont rien.

Il faut en prendre son parti : cette révolution, objet de tant de malédictions, qui travaille, secoue et ébranle l'Europe depuis soixante ans, était faite dans les esprits longtemps avant 89; elle ne fut point le produit fortuit de quelques faits accidentels; elle avait été nécessairement amenée par la profonde corruption des classes supérieures, par le libre examen, par le progrès des connaissances acquises, par la lassitude de l'oppression et de la misère, par l'affaiblissement lent et continuel pendant plusieurs siècles de tous les soutiens de l'ordre établi qui n'était plus en 89 que le désordre organisé fonctionnant par habitude.

Un tel état de choses appelait une transformation sociale.

La société actuelle est fourvoyée, il faut nécessairement que la démocratie retrouve sa route et qu'elle marche en avant, poussant devant elle ou laissant derrière elle les sommités usées de la vieille Europe ; toutes ces prétendues supériorités tomberont au fond de la société, et alors des rangs jeunes et virils de la démocratie surgiront des hommes calmes et énergiques qui transformeront et régénéreront par leurs saines et impartiales doctrines une société sans conviction, adorant le veau d'or, usée, finie et presqu'en dissolution.

EXAMEN DE DIVERSES QUESTIONS.

Après la révolution de Février, le peuple sembla plus occupé des questions d'économie sociale que de la politique elle-même.

Des agents de la réaction et des républicains imprudents qui cherchaient à le pousser au-delà des limites du vrai, voulurent qu'il mît en doute la religion, la famille, la propriété; le peuple s'est abstenu. Ces vérités incontestables, qui ne redoutent aucune discussion, sont passées à l'état d'axiomes que rien ne peut modifier profondément.

LA RELIGION.

De quelle religion voulaient-ils parler dans un pays où elles sont toutes acceptées et protégées, où plusieurs ont des temples et des ministres salariés ? De la religion sans doute commune à tous les peuples, de la religion contenue dans chacune en particulier, dans toutes en général, sans s'arrêter à leurs dogmes, à leurs cérémonies et à leurs mystères. Ils ont voulu certainement parler de la morale universelle. Oui, cette religion est un axiome au-dessus de toute controverse ; elle est de tous les pays, de tous les temps et de tous les lieux. Tous doivent l'observer et la respecter.

Laissons chaque homme rendre comme il lui convient à Dieu ce qui est à Dieu. Pratiquons la morale.

Toute religion et toute morale résident dans ces deux conseils.

Si vous croyez au Dieu annoncé par votre religion, pratiquez les préceptes que ses prêtres enseignent.

Si vous n'y croyez pas, agissez aussi bien que si vous y croyiez.

LA FAMILLE.

La famille est la base indispensable sur laquelle repose la société. Le monde a commencé, s'est perpétué, s'est maintenu par la famille, et ne peut avoir que cette base; il faut donc adopter, conserver et respecter religieusement un fait qui est et doit exister sans modifications considérables.

LA PROPRIÉTÉ.

La propriété, quels que soient les droits qu'elle confère ou qu'elle ait conférés selon les temps et les lieux, a été et sera toujours l'une des bases importantes de toute société civilisée; mais la défendre dans ses abus, ne pas la faire respecter par tous et à l'égard de tous indistinctement, faire payer les charges à ceux qui n'en ont pas les avantages et qui en supportent les inconvénients : ce sont des crimes anti-sociaux.

LA PROPRIÉTÉ C'EST LE VOL.

Cette proposition : la propriété c'est le vol, fut le texte de nombreuses discussions.

Oui, l'homme soumis aux seules règles de la loi naturelle dans le pays où la terre n'est à personne, où les fruits sont à tout le monde, a pu dire avec raison : la propriété c'est le vol.

Mais l'homme civilisé répond avec justesse : Non, la propriété n'est point le vol, c'est la base essentielle de toute société régulièrement organisée.

La question, envisagée de ces deux points de vue, reçoit deux solutions différentes.

Aime-t-on mieux les avantages et les inconvénients de l'état de civilisation que ceux de l'état de nature ?

La réponse ne saurait faire de doute. Personne n'a encore abandonné l'état de civilisation pour retourner à celui de nature, même parmi les plus malheureux.

Ainsi posée, la question de la propriété doit fixer l'attention, quoique les propriétaires n'aient rien à redouter d'un sérieux examen; cependant, depuis son origine jusqu'à nos jours, elle a subi de nombreuses, profondes et radicales transformations; elle en subira encore d'autres, car rien n'est stationnaire dans le monde, mais les modifications seront toutes successives et imperceptibles pour chacun.

LE CRÉDIT FONCIER.

Beaucoup de personnes réclamèrent aussi l'organisation du crédit foncier par l'État avec billets à cours forcé.

Cette institution, tout en créant une ressource factice à l'aide de laquelle les propriétaires pourraient payer leurs dettes, leur donnait le moyen de conserver leurs terres.

C'était enrichir une classe de la société sans que les autres puissent prendre part à ces avantages.

Arrière toutes créations de faveurs où tous ne peuvent participer.

On aurait atteint un résultat aussi injuste que si on eût décrété que les pièces de cinq francs en vaudraient dix, et doublé par le même coup la fortune des détenteurs de ces pièces en augmentant dans la même proportion la misère de ceux qui n'en possédaient pas.

LE COMMUNISME.

Mais à un autre point de vue le crédit foncier conduisait au communisme, parce que l'État, au profit duquel tous les immeubles eussent été hypothéqués, eût pu, à un moment de crise, les exproprier et en devenir propriétaire pour rien, puisqu'il n'avait donné que du papier en échange des obligations souscrites par les emprunteurs; et le communisme, qu'il vienne d'en haut ou d'en bas, doit être également repoussé.

Car avec le communisme l'homme, soumis à une règle générale et sans libre arbitre, travaillerait par besoin toute sa vie, sans autre aiguillon qu'une nécessité absolue. Que deviendraient les stimulants qui font le bonheur de la vie de famille, et l'émulation qui porte les hommes aux plus grands perfectionnements? Quel courage pourrait avoir l'homme de génie qui se verrait soumis au partage égal avec la masse abâtardie et inerte dont il serait entouré?

Que deviendraient les sciences, les arts? Qui fournirait les fonds nécessaires pour tant d'expériences utiles et si souvent infructueuses?

Le communisme serait une limite placée devant le progrès; avant cinquante ans nous serions revenus à la barbarie et à l'esclavage de l'antiquité, et on n'atteindrait certainement pas le but égalitaire que ses partisans semblent rechercher, car il faudrait un chef et des sous-chefs à l'infini dans une immense hiérarchie. Pourrait-l-on empêcher, quand il s'agit d'un peuple nombreux, les chefs et les sous-chefs de se faire une part meilleure? Cela ne serait pas plus facile que d'empêcher le chef de cuisine de goûter le premier à la sauce.

De quel droit veut-on arrêter le progrès et borner l'avenir à l'état présent?

Si l'avenir avait été enrayé il y a cent ans, que de découvertes et de perfectionnements nous seraient inconnus! Voulons-nous forger et river des fers pour les générations qui nous succéderont? De quel droit?

TRANSFORMATIONS SOCIALES.

Enfin on voulut rechercher le moyen d'organiser le travail, et l'on étudia les diverses transformations qu'avait subies l'exploitation de l'homme par l'homme.

Avant et même après l'ère chrétienne la condition des esclaves était infamante, le maître avait le droit de vie et de mort sur eux; avec le temps leur position s'est adoucie; puis, à côté de l'esclavage naquit le servage féodal et le vasselage qui, eux-mêmes, produisirent le coloniat, la domesticité et le salariat. Ces dernières transformations produiront l'association.

Mais il faut remarquer que ce ne fut pas à un sentiment généreux du maître que les esclaves durent leur liberté, ce fut à un calcul égoïste.

En effet, il était forcé de les acheter, puis de les nourrir, vêtir et soigner pendant les temps de maladie; dans son propre intérêt, il veillait à la conservation de leur santé et de leurs forces ; les esclaves n'avaient pas à s'inquiéter du chômage ni d'économiser, c'était un devoir et une charge du maître ; tandis que maintenant il est dispensé de tous soins personnels. Il paye l'ouvrier quand il travaille, il le renvoie quand son ouvrage est fini, sans s'inquiéter de savoir si lui, sa femme et ses enfants ont du pain ; s'ils sont convenablement nourris, logés et habillés ; et quand la vieillesse ou la maladie viennent diminuer les forces d'un travailleur, le maître remplace le vieillard ou le malade affaibli par un travailleur plus jeune, et il n'a pas à s'occuper de le soutenir pendant ses vieux jours qui seront bientôt abrégés par l'affreuse misère et une navrante agonie.

DROIT AU TRAVAIL.

On proposa comme remède le droit au travail que l'on peut considérer comme l'inverse du crédit foncier, et qui aurait pour résultat inévitable, appliqué à notre état social, d'absorber la propriété et de la faire sortir des mains où elle se trouve.

C'est une protestation contre les abus de la propriété en faveur de souffrances trop réelles faiblement secourues et encore contre *le droit à la production*, que les grands propriétaires de fermes se sont voté en 1814, 1819, 1821 et 1832.

L'un est beaucoup moins illégitime que l'autre ; car d'abord il faut pouvoir vivre.

Ces questions, d'une solution presque impossible, attestent plutôt un malaise général, dont tout le monde voudrait faire sortir le prolétariat par un moyen quelconque, que la volonté réelle d'obtenir des résultats tels qu'ils sont demandés : cependant il le faut.

MOUVEMENT DÉMOCRATIQUE EUROPÉEN.

Ce n'est pas seulement en France que la démocratie a marché d'un pas ferme vers le but qu'elle doit atteindre.

Toutes les nations de l'Europe observèrent notre mouvement et avancèrent plus ou moins lentement.

Nous allons jeter un coup d'œil rapide sur divers peuples chez lesquels des événements de la plus haute importance se sont accomplis.

Les guerres qui ont suivi notre première révolution étaient faites par les rois qui voulaient soutenir les principes de leur existence ; mais le cœur des peuples civilisés ne marchait pas avec eux. Tout en nous combattant et en subissant notre domination momentanée, ces derniers étudiaient nos institutions, nos mœurs, et recevaient les premiers germes des idées de liberté.

En 1830, le mouvement démocratique qui renversa la royauté de France eut son retentissement dans tous les autres États : la Belgique, la Pologne, le Portugal, l'Espagne, l'Italie et l'Allemagne.

Ce ne fut pas seulement en Europe que ce mouvement se manifesta ; l'Amérique, après avoir conquis son indépendance, entra bientôt dans la voie du progrès : elle s'y avança rapidement, et on la vit sous la restauration entrer dans le mouvement des peuples européens et traiter avec eux d'égal à égal.

Aujourd'hui les principes démocratiques y sont appliqués sans réserve, et elle jouit d'une liberté que tous les peuples de l'Europe sont encore loin d'avoir pu conquérir.

Les sciences, les arts, le commerce et la navigation y sont aussi florissants qu'en Europe.

Plus tard, sous le règne de Louis-Philippe, la Chine, qui n'avait jamais voulu permettre qu'un étranger franchît la muraille sacrée qui environnait son territoire, ouvrit ses portes aux peuples européens et à ceux de toutes les nations de l'univers ; aujourd'hui elle a avec eux des relations commerciales.

Enfin, le mouvement démocratique de 1848, qui renvoya de France la royauté de juillet eut un plus grand retentissement que celui de 1830 dans les divers autres États européens; tous en furent ébranlés, tous semblèrent s'être affaissés sur leurs étais vermoulus ; secoués fortement par le souffle populaire, ils plièrent humblement et à propos, ils ne furent pas brisés.

L'on avait été incertain de l'attitude que prendraient la Russie, la Prusse et l'Autriche ; quant aux petits États, l'on sut bientôt que leurs souverains, devançant les demandes des peuples, leur donnaient des constitutions d'autant plus libérales qu'ils voulaient moins les observer.

Le mouvement se propageait. Le roi de Prusse et

l'empereur d'Autriche, pour n'être point forcés, firent les concessions les plus étendues. Posen et la Galicie durent être affranchis. Les Autrichiens chassés de Milan, la Lombardie eût été affranchie si elle eût moins compté sur l'ambitieux roi de Piémont.

Toute l'Italie et toute l'Allemagne s'étaient levées spontanément à la nouvelle de la révolution républicaine française.

Aussi la révolution de 1848 s'étendit sans contestations apparentes sur presque toute l'Europe, du Nord au Midi. Quant à la Russie déconcertée, elle balbutiait que, si elle n'était point attaquée, elle respecterait la révolution de Février jusque dans ses conséquences : paroles de rois qui ont peur.

Mais tant de bonne volonté masquait des arrière-pensées; il n'était point dans la nature de la royauté, des aristocraties et du clergé de marcher en avant; ils le firent pour n'être point débordés et rejetés.

Par ce procédé plus adroit qu'honorable, ils furent conservés avec tous leurs moyens réacteurs, tous leurs fonctionnaires, comme en France, cadre de réactions futures; il est si facile d'éblouir et d'endormir le peuple!

Les hommes trop compromis furent, il est vrai, changés partout et remplacés par d'autres moins connus du peuple, et dès lors moins compromis, mais ne valant pas mieux que leurs prédécesseurs.

Un cri généreux, honorable et sympathique s'il avait été sincère, s'échappa alors de quelques organes de la publicité.

« L'Italie, forte de son unanimité, dirent-ils, et du

« courage de ses citoyens, ne veut devoir sa délivrance
« qu'à elle-même et n'appellera pas de secours étran-
« gers. »

Ces sentiments étaient beaux sans doute ; mais malheureusement c'était le mot d'ordre d'hommes qui, ne voulant point que la révolution européenne et encore moins celle d'Italie portât ses fruits, jetèrent au milieu de l'agitation ces beaux sentiments qui firent diversion, et donnèrent le temps avant que l'on eût reconnu ce qu'ils contenaient de désastreux et de perfide, de forger et de river de nouveaux fers à cette malheureuse contrée qui se débat dans des agitations convulsives sous l'étreinte abrutissante de la diplomatie européenne et papale.

L'Autriche, après avoir dompté la Bohême, ressaisi l'Italie et écrasé la Hongrie avec l'aide dangereuse des Russes, veut reconquérir par la diplomatie et la force matérielle toute son ancienne influence sur l'Allemagne.

La Prusse, qui croyait assister à l'agonie d'une puissante rivale prête à disparaître, resta spectatrice paisible et joyeuse du combat, espérant n'avoir plus désormais qu'à accepter des dépouilles; mais l'Autriche s'est relevée, a réparé ses défaites et affiche hautement ses prétentions de suprématie.

Tous les rois, si humbles d'abord, si libéraux et si républicains, reprennent espérance en entendant encore parler de la compression et de l'asservissement des peuples; ils tournent leurs regards vers le soleil autrichien, espérant qu'aucune éclipse n'est à redouter pour lui.

Les chefs allemands rusèrent avec leurs peuples d'abord, et les trichèrent ensuite; ils entravèrent constamment les assemblées de Francfort, de Stuttgard et d'Erfurth sous toutes espèces de prétextes, pour persuader aux peuples découragés l'impuissance et l'impossibilité d'un parlement et de l'unité allemande.

Croyant avoir réussi, ils ne conservent plus, en 1850, que les apparences des libertés qu'ils avaient si spontanément données à leurs peuples, et ils s'apprêtent à trancher toutes les difficultés du grand problème de la constitution de l'unité nationale des peuples de l'Allemagne sans leur concours ni leur avis, et en maintenant les traités et la hiérarchie de 1815 par la violence et la force matérielle.

Il est bien prouvé que, par les intrigues des privilégiés et des rois, leurs embûches trop visibles et trop connues, ces assemblées n'ont pris aucune mesure énergique et décisive; mais à tort ou à raison les peuples en accusent leurs rois et sont reconnaissants des efforts et de la bonne volonté de leurs représentants.

Cette épreuve faite par les chefs de ces nations, leurs prétentions et leur conduite violente et solidaire avouée, établira bien clairement aux yeux des peuples *désabusés et non dégoûtés* l'incompatibilité de la royauté avec un parlement et avec l'unité allemande.

Les rois européens ont agi comme si nous étions encore à un siècle en arrière; ils n'ont pas compris notre époque de publicité et d'intelligence expansive.

Le roi de Prusse et l'empereur d'Autriche font depuis 1848, et surtout en 1849 et 1850, comme s'il n'y

5

avait que *des aveugles et des muets* autour de leurs trônes; chacun de son côté a fait et fait des tentatives de prépondérance exclusive qui avorteront devant la tribune de l'opinion publique; cependant ils n'ont pas osé tout ce qu'ils voulaient. Ainsi la Prusse qui, pendant vingt ans et surtout depuis bientôt trois ans, semblait la tête de l'Allemagne, perdra tout le terrain qu'elle avait gagné; elle n'obtiendra point tout ce qui semblait s'offrir naturellement à son patronage; plusieurs de ses adhérents retourneront vers *l'Autriche qui leur offre la domination absolue de leurs peuples*. Ainsi, l'Allemagne restera à peu près comme elle était en 1848 jusqu'à ce que ces gouvernements impuissants à bien et à mal faire soient renversés définitivement pour faire place à un parlement et à l'unité allemande.

Qu'est donc devenu le roi de Prusse? On sait encore où se trouve placé son royaume, mais on ignore le 31 décembre 1850 ce qu'est devenue sa puissance.

Il serait cependant facile à ces deux souverains de conjurer l'orage et de marcher à la tête de la civilisation des peuples isolés qu'ils veulent maintenir sous leur joug; mais, aveugles, ils ne feront rien. Le bandeau qui leur couvre les yeux et leur voile la vérité ne sera point écarté; ils marcheront fatalement à leur perte et les destinées providentielles des peuples allemands s'accompliront sans eux et malgré eux.

Quant à la Russie qui, au moment de l'émancipation générale, avait promis et offert de rester chez elle tranquillement si elle n'était pas attaquée, elle est intervenue matériellement en Hongrie et moralement contre toute l'Europe démocratique. Par cette intervention mal déguisée, elle a posé irrévocablement la question de l'avenir de l'Europe : *cosaque ou républicaine avant cinquante ans; avant quinze ans le délai sera expiré !*

L'Autriche est soumise de gré ou de force à l'influence russe ; aussi pourquoi a-t-elle réclamé son assistance contre les Hongrois ? Pourquoi, par des concessions opportunes, n'a-t-elle pas terminé ses différends en famille ? Nous voyons encore la Prusse subir les influences russes et autrichiennes ; mais pourquoi a-t-elle reculé lorsqu'il était de son devoir, de son droit et de son intérêt de se placer hardiment à la tête de la force unitaire de l'Allemagne pour la diriger ?

Maintenant l'on veut effacer toutes les constitutions, étouffer toutes les libertés, ramener l'Allemagne sans détour aux traités de 1815 ; nier l'histoire de trente-cinq ans et enchaîner définitivement l'avenir au moyen de la force à la place du droit, du sabre à la place de la justice et en tranchant toutes les questions européennes par le droit du canon et la puissance des baïonnettes.

Nous sommes au commencement : attendons la fin.

L'Europe semble n'avoir pas avancé depuis 1848 et n'avoir fait que le tour d'un cercle fatal pour revenir fatalement à son point de départ, aux traités de 1815 : telle est l'apparence matérielle, mais la réalité est bien différente ; que d'enseignements sont obtenus ! Que les peuples ont acquis de convictions sur des faits que, dans leur bonne foi bienveillante pour leurs chefs, ils croyaient impossibles! Que de masques qui ne pourront être repris sont tombés! *Chaque masque arraché est une victoire démocratique remportée* et une position républicaine conquise pour arriver à la solution du grand problème européen; bientôt les fausses apparences disparaîtront et la réalité seule restera pour éclairer sur la route de l'avenir la marche triomphale des peuples toujours plus rapide et moins contestée.

Le seul résultat de la révolution européenne de 1848 quant à présent consiste : 1° dans l'expérience des peuples; 2° dans l'appréciation de leur moralité ; 3° dans celle de l'honneur des chefs des nations; 4° et surtout dans les rapprochements entre tous les hommes unis qui se sont tendus et qui se donnent aujourd'hui une main fraternelle pour s'aider à la conquête d'une vie meilleure.

Depuis 1789 souvent les peuples sont tombés bien bas, souvent ils sont montés bien haut. A travers tant d'oscillations diverses, tantôt ils furent tout en Europe, tantôt ils n'y furent rien; mais toujours leur force a monté proportionnellement à l'affaiblissement continu de la puissance de leurs chefs; ainsi la marche vers l'avenir continuera à se manifester progressivement et bientôt définitivement; le passé est le flambeau qui éclairera les générations qui nous succéderont.

Ainsi nous verrons bientôt proclamer en Europe qu'un homme vaut toujours autant et ni plus ni moins qu'un autre homme; c'est un fait vrai, inévitable et qui deviendra bientôt un fait régénérateur, accompli et universel.

Il est annoncé et attendu depuis dix-huit cent-cinquante ans.

IMPOT DES QUARANTE-CINQ CENTIMES.

Cet impôt nécessaire, puisque le gouvernement provisoire acceptait à tort ou à raison la continuation des dettes du gouvernement *orléaniste*, a exercé une influence si désastreuse et si incommensurable sur la direction de notre République naissante, et par suite sur le sort de l'Europe démocratique, qu'il est du devoir de tout républicain de le faire apprécier à sa juste valeur.

C'est lui qui, en créant la réaction, lui donna toute l'importance fâcheuse qui l'a fait élire le 23 avril 1848; c'est lui qui lui a donné accès dans toutes les commissions et l'a perpétuée, quoique royaliste, à la tête de notre République démocratique.

Les réactionnaires ont fallacieusement exploité contre la République le décret qui avait imposé tout propriétaire à 45 centimes par franc de ses impositions.

Ce décret bien compris n'était pas de nature à donner les résultats qu'il a produits; il est évident qu'il a été mal apprécié par 9,000,000 sur 9,600,000 électeurs inscrits sur les listes électorales qui se sont forgé et rivé des chaînes.

En effet, ce décret n'atteignait point ceux qui ne sont point imposés à la cote personnelle ni aux prestations, environ 3 millions.

Il n'atteignait tous ceux qui payent 20 francs d'impositions et au-dessous que pour 9 francs au plus, terme moyen, moins de 4 francs 50 centimes, environ 5 millions [1].

Il n'atteignait tous ceux qui payent 100 francs d'impositions et au-dessous que pour 45 francs au plus, terme moyen, moins de 22 francs 50 centimes, environ 1 million.

Pour diminuer ces charges, si cela était nécessaire, les conseils municipaux furent autorisés par un décret du gouvernement provisoire à réduire le chiffre ou à dispenser de cet impôt tous les citoyens pour lesquels il serait jugé trop onéreux.

Tel fut le décret appliqué à 9 millions de citoyens.

Il reste encore à apprécier la position de 600,000 électeurs payant au-dessus de 100 francs d'impositions.

Nous les divisons en trois classes : 1° de 100 à 200 fr.; 2° de 200 à 300 francs; 3° de 300 francs et au-dessus.

Les électeurs payant de 100 à 200 francs d'impositions sont au nombre d'environ 300,000, et ils ont contribué à l'impôt des 45 centimes pour 90 francs au plus, terme moyen, moins de 45 francs 50 centimes.

Les électeurs payant de 200 à 300 francs sont au nombre d'environ 200,000; ils ont contribué à l'impôt des 45 centimes pour 135 francs, terme moyen, moins de 67 francs 50 centimes.

Enfin, il ne reste plus à apprécier que la position

[1] Tous les calculs sont faits de un à vingt, à cent, à deux cents, à trois cents et plus.

des *cent mille derniers électeurs qui ont contribué très inégalement* à l'impôt des 45 centimes; en effet, ceux qui ne payaient que 301 francs n'ont payé que moins de 136 francs; mais ceux qui payaient 20,000 francs de contributions ont dû contribuer pour 9,000 francs; de même ceux qui payaient 100,000 francs et plus d'impositions, ont dû contribuer à l'impôt des 45 centimes pour 45,000 francs et plus.

Qu'est-ce que les positions de ces contribuables qui se sont tant lamentés et qui ont inspiré les plaintes de 9,000,000 d'électeurs ont donc de commun avec eux? Il est plus facile de faire remarquer ce qu'elles ont de dissemblable : ce sont ces mêmes électeurs dont les revenus ont augmenté pendant les années de récoltes médiocres en blés et dont les revenus ont doublé et triplé pendant les années de disette et de famine.

Ayant eu dans les années de souffrances générales tant de bénéfices, ils devraient seuls contribuer aux charges publiques dans une haute proportion pendant les temps où il faut de grands sacrifices pour sauver l'état social qu'ils ont tant d'intérêt, tranchons le mot, qu'ils ont seuls intérêt à conserver.

Telle est l'exacte vérité sur l'impôt des 45 centimes, sur une contribution nécessaire, indispensable, pour payer les dettes de la monarchie; elle avait *frappé républicainement* tous les citoyens, mais elle aurait frappé plus justement, plus équitablement, si elle n'avait atteint directement que les seuls intéressés à empêcher une perturbation générale dont la famine de 1847 et les lois de 1814, 1819, 1821 et 1832 étaient les causes réelles. (Nous avons promis d'apprécier ces lois avec soin au sixième ordre de faits.)

L'on a commis une erreur évidente qu'il faut réparer lorsque l'on a laissé comprendre que l'on pensait que 600,000 électeurs ont intérêt aux lois sur les céréales à titre de privilégiés ; il n'y en a pas 200,000, il n'y en a pas 100,000, il n'y en a peut-être pas 50,000 qui y aient un intérêt bien certain et bien réel.

Car il est constant que sur les 600,000, que même sur les 100,000 qui payent le plus d'impôts, il y en a un grand nombre dont les impositions sont basées sur des maisons, des patentes, des vignes, des prés et des bois; ils ont à se plaindre d'être rançonnés par les privilégiés propriétaires de terres produisant du blé ; ces derniers prélèvent un impôt énorme, très inégalement réparti, non-seulement sur les prolétaires, et sur les propriétaires grands et petits; mais encore sur tous les commerçants, afin de créer de grandes fortunes à un très petit nombre d'individus et de familles.

Ainsi, ce sont ces derniers qui nous assourdissaient de leur tapage, de leurs cris, de leurs lamentations et de leurs protestations contre les 45 centimes et qui font appel aux moyens légaux et illégaux, et à la guerre civile qu'ils font nommer adorable, sainte et sacrée par leurs organes de publicité.

Les imprudents, ou plutôt les insensés ! Mais quels sont donc les Français intéressés à prendre leur parti ? Quels sont ceux qui auraient intérêt à lever l'étendard de la révolte, à protester contre la légalité et à faire appel à la guerre civile pour conserver ce qui ne leur appartient point? Ils semblent, pour ne pas perdre leurs priviléges, disposés à réduire le pays aux dernières extrémités de souffrances et de sacrifices.

Mais, en définitive, l'impôt des 45 centimes n'a été établi que pour acquitter les dettes de la monarchie et parer aux inconvénients que la République a trouvés et qu'elle a acceptés au lieu de les répudier; ainsi les plaintes n'ont été que de l'ingratitude royaliste.

Est-ce qu'enfin tant d'égoïsme n'a pas fait son temps? Est-ce qu'on peut le tolérer toujours? Non; car la Charte des légitimistes de 1814, la Charte des orléanistes de 1830 et la Constitution du 4 novembre 1848, portent :

« *Tous les Français doivent contribuer indistinctement,* « *dans la proportion de leur fortune, aux charges de* « *l'Etat.* »

Il faut ramener constamment toute discussion au principe fondamental contre les factions légitimistes, orléanistes et bonapartistes.

Comment le peuple a-t-il pu se laisser tromper à ce point de croire que c'était *lui seul* qui payait l'impôt des 45 centimes, lorsqu'il était si facile d'établir par le calcul que le tiers ne paye rien; que près des deux autres tiers ne payent pas, terme moyen, les uns 4 francs 50 centimes et les autres en petit nombre 22 francs 50 centimes? C'est que personne ne s'était donné la peine de vérifier cette calomnie pleine de perfidie.

Comment est-il arrivé que ceux qui avaient pris la

haute direction de la société n'aient point éclairé le peuple relativement à cet impôt, surtout qu'eux et tout le monde aient accepté la calomnie comme si elle était la vérité?

En définitive, l'établissement de la République, il faut que le peuple en soit bien convaincu, c'est l'exécution sincère de l'article 2 de la Charte de 1814; c'est le blé toujours à bon marché, parce que la République ne permet pas aussi facilement l'exportation des grains français et qu'elle permet l'importation en France des grains étrangers; c'est l'absence de disettes et de famines à l'avenir, parce qu'elle abolira la dîme sur le pain en abolissant toutes les lois sur les céréales et qu'elle veillera beaucoup mieux qu'une monarchie flanquée de privilégiés aux intérêts des prolétaires et de tous les Français qu'elle traite comme égaux.

La République est représentée sur nos nouvelles pièces de monnaie sous l'emblème d'une femme, dont la tête est gracieusement parée d'épis de blé, comme symbole de l'abondance et comme promesse faite au peuple qu'il n'y aura plus désormais ni disette ni famine, et que le blé sera à l'avenir vendu à un prix modéré: croyons à cette promesse!

Le peuple, s'il n'est pas toujours ensorcelé par les calomnies et par les perfidies, verra enfin que la République lui donnera cet heureux résultat.

L'on avance comme objection que si les blés ne sont pas vendus par un moyen factice au-dessus de leur cours naturel, les propriétaires actuels seront ruinés; mais l'on répond avec autant et avec plus de raison que *les prolétaires ne sont point les garants des revenus des riches propriétaires de terres*. Pourquoi ces derniers ont-ils tenu si longtemps l'agriculture en mépris? Pourquoi, favorisant l'agriculture, ne font-ils pas produire à leurs terres tout ce qu'elles pourraient donner? Au surplus, s'ils sont forcés de vendre, leurs propriétés leur seront loyalement payées; elles passeront légitimement dans des mains qui leur feront produire jusqu'au double, assurant par ce moyen naturel *l'existence heureuse* de tout un peuple et la prospérité de la France.

De tels résultats ne sont ni à dédaigner ni à rejeter; pour que l'on rentre dans l'ordre providentiel, il faut seulement permettre à toutes choses de suivre leur cours naturel. L'on se donne trop de peine pour faire mal.

Remarquons enfin que les 9 millions de citoyens compris dans ceux payant moins de 100 francs d'impositions avaient plus d'avantages à payer une seule fois 45 centimes pour cent de leurs impositions, c'est-à-dire une très faible somme pour éluder des embarras royalistes et consolider la République que de payer constamment l'impôt sur le pain; cet impôt funeste qui amena les renchérissements, les disettes et les famines de 1817, 1827, 1828, 1829, 1830, 1831, 1832, 1845, 1846 et 1847. Remarquons encore que si toutes les propriétés étaient restées aux mains où elles se trouvaient en 1789, la France n'aurait pas vu augmenter ses habitants; elle ne pourrait pas les nourrir tous, en d'autres termes la France ne pourrait pas avoir 36 millions d'habitants. Telle est, en définitive, la vérité sur l'impôt des 45 centimes réduite à des termes clairs et appréciables.

DEUXIÈME ORDRE DE FAITS.

De 1789 à 1792, il fallut au peuple trois ans pour renverser une première fois la royauté.

En 1830, trois jours lui suffirent.

En 1848, il n'eut besoin que de trois heures.

Si les faits suivaient toujours la même progression, combien le peuple mettrait-il de temps dans l'avenir pour renverser un pouvoir infidèle à son origine? Faudrait-il plus de trois minutes?

Qui sait ce qui fût advenu le 15 mai au soir, si les chefs de la démonstration avaient osé prévoir le matin la possibilité d'envahir si facilement l'Assemblée nationale?

Tout eût été renversé ce jour-là avant même que le peuple y eût pensé; c'est effrayant de vérité et de rapidité; c'est un avertissement; éclairera-t-il?

La facilité toujours croissante avec laquelle se sont accomplies les révolutions à ces trois grandes époques ne prouve-t-elle pas que les forces de la démocratie ont progressivement augmenté?

TROISIÈME ORDRE DE FAITS.

En 1792 la révolution française eut à combattre tous les rois et tous les peuples coalisés; elle sortit victorieuse de cette lutte qui semblait inégale.

En 1830, la France ne fut pas même attaquée. Plusieurs peuples, mieux éclairés sur leurs véritables intérêts, firent aussi leur révolution.

En 1848, les peuples de l'Europe, toujours de mieux en mieux éclairés sur leurs droits et sur leurs vrais intérêts, imitèrent spontanément et avec enthousiasme le peuple français.

Remarquons toujours la différence qui existe dans la conduite des rois à ces trois grandes époques : il y a constamment progression descendante de la royauté en Europe.

Ce ne sont plus les peuples qui font la guerre aux rois; ce sont tout au contraire les rois qui font et qui font faire la guerre à leurs peuples.

La révolution de 1848 est désormais un fait européen solidairement accepté par les nations.

Pénétrés de cette vérité et faisant un effort désespéré, les adversaires des peuples, les rois et les privilégiés ont employé d'abord la ruse et la perfidie; ensuite ils ont parlé bien bas de leurs sympathies pour la conduite honnête et modérée des peuples; ensuite ils ont parlé plus haut en donnant une autre signification à leurs premières paroles; enfin ils ont fait battre républicains contre républicains dans toute l'Europe sous des prétextes menteurs, qui trompèrent la bonne foi de la démocratie européenne.

Les peuples ont été encore une fois forcés de se battre entre eux contre leurs propres intérêts, et de donner la victoire à leurs adversaires! Chaque nation européenne a subi sa guerre de Rome à l'intérieur.

Est-ce à dire pour cela que le principe républicain soit anéanti? Non, non, réfléchissons aux nombreuses trahisons dont les peuples ont été les victimes, et malgré tant de perfidies réitérées inutilement *à tant de masques arrachés* et à la progression constante des faits européens depuis soixante ans; continuons l'examen.

QUATRIÈME ORDRE DE FAITS.

La compression, après une guerre de vingt-trois ans de la révolution de 1789 par tous les rois et tous les peuples coalisés, n'a pas empêché que l'explosion française de 1830 ne fût accueillie par la sympathie de tous les peuples.

La compression de la révolution de 1830 n'a pas empêché que l'explosion de 1848 ne fût exaltée par les acclamations de tous les peuples de l'Europe et du monde èntier.

La compression de la révolution de 1848, facilitée par des renégats et des hommes à double face qui se disaient meilleurs républicains que les républicains eux-mêmes, n'empêchera point une révolution aussi irrésistible qu'un fait accompli, si les hommes du pouvoir ne donnent pas très vite au peuple cette masse de liberté et de bien-être qu'il attend.

Il a fallu jusqu'à présent aux directeurs des nations, il leur faut encore aujourd'hui beaucoup plus d'efforts pour détourner l'humanité de la route que la Providence lui a tracée qu'il n'en faudrait pour lui faire suivre son cours naturel et pour le régulariser.

Nos hommes d'État d'un autre âge, usés et déroutés par la révolution de Février, ne comprennent que les tricheries législatives et administratives, que la compression et les répressions impitoyables.

Devoir impérieux.

Ils devaient, de préférence, travailler à la solution du problème social à l'ordre du jour européen, qui consiste à creuser assez profond et assez large le lit du fleuve démocratique, et à élever assez haut ses digues pour en contenir les flots abondants, sans les gêner dans leurs évolutions diverses et sans les empêcher de se mouvoir régulièrement dans leur cours rapide.

Ils devaient chercher à faire des lois tellement justes, bonnes et sincères, si suffisamment sévères, que chacun s'y soumit avec la conviction qu'il aurait été impossible de les faire plus consciencieuse et meilleure : ce n'est pas là ce qu'ils voulaient.

Ils devaient chercher leur appui dans le suffrage direct et universel, librement exprimé par le peuple, auquel ils auraient fourni les moyens d'instruction; ils préviendraient ainsi toutes les révolutions nouvelles; pourquoi n'entrent-ils pas, non-seulement sans résistance, mais d'enthousiasme, dans une voie si désirable?

Mais, quels que soient leurs efforts pour faire rétrograder la nature, quel que soin qu'ils mettent à comprimer l'esprit démocratique, il est certain qu'il fera explosion tôt ou tard.

Espérons cependant que nos hommes politiques

rendront au suffrage direct et universel toute sa sincérité, et que les élections de 1852 produiront des représentants du peuple et un président capables de conduire et diriger notre révolution démocratique.

Remarquons toujours la différence qui existe entre la conduite des peuples européens à ces trois grandes époques, et la direction que les privilégiés avaient voulu leur imprimer.

Il y a constamment progression ascendante des peuples vers la République; il y a constamment progression descendante des rois vers l'égalité; ils deviendront comme les privilégiés, les égaux de tout le monde et rien de plus.

Telle est la situation et la tendance de la démocratie en Europe.

CINQUIÈME ORDRE DE FAITS.

Avant 1789, le peuple, abruti par une longue servitude, croupissait dans une ignorance complète; il n'y avait point d'instruction pour lui.

Depuis 1789 jusqu'en 1830 il s'est instruit à travers beaucoup de mauvais vouloir.

Depuis 1830 jusqu'en 1849 l'instruction lui fut donnée. Il en a profité.

Depuis 1849, au moyen de la loi contre l'instruction publique, l'enseignement a été entravé complétement.

De la part d'hommes qui ne se sont faits républicains que pour se donner le droit d'étouffer honnêtement et modérément la République, il est très imprudent de dire aujourd'hui, en 1850, qu'il faut comprimer le peuple, limiter son instruction, et révoquer les instituteurs et les professeurs populaires; c'est éveiller l'attention ; c'est démasquer soi-même une conduite longtemps perfide, devenue violente; c'est exciter la juste défiance des peuples, dont l'expérience a été mûrie par tant de révolutions successives; c'est braver sans nécessité l'opinion publique, en un mot; c'est afficher les plus mauvaises intentions impossibles à réaliser définitivement..

Tout cela est peine perdue.

Pour obtenir ce résultat, impossible à conserver, des hommes d'opinions, d'éducations et de religions les plus diverses et les plus opposées, qui s'étaient combattus depuis leur naissance, et qui s'étaient insultés tous les jours pendant trente ans, du haut de la tribune nationale, ont coalisé ce qu'ils croient leurs intérêts, dans le seul but de la domination.

Ils ont menti à leurs opinions, ils ont menti à leur éducation, ils ont menti à leurs croyances religieuses, ils ont menti à leurs discours publics et secrets, ils ont menti à leur vie entière en présence du monde entier.

C'est trop répugnant pour que cela puisse durer encore longtemps ; ils se feront horreur les uns aux autres; telle doit être la fin d'une si honteuse coalition; elle se dispersera d'elle-même, devant le calme, l'ordre et la discipline du peuple, dès que l'opposition à l'Assemblée législative gardera une attitude imposante pleine de dignité.

On croirait vraiment, à voir agir tous ces hommes

de toutes robes et d'aucun principe, qu'ils pensent que tout ce qui est pratiqué contrairement à des promesses faites au peuple soit permis, licite, honnête, voire même honorable.

Mais le peuple leur dira prochainement : Arrière !

Maintenant qu'ils se sont emparés du pouvoir, ils pourront, il n'est que trop vrai, immoler de nombreuses victimes au fantôme de la peur, ou, pour parler avec plus de justesse, à leurs impuissantes rancunes.

Mais quand même ils pourraient ruiner, par des destitutions et des confiscations, ou faire périr de misère, mille, dix mille, cent mille démocrates, ce ne serait ni anéantir, ni atteindre le principe démocratique, qui est vivace partout en Europe, insaisissable et invisible : il renaîtra constamment de ses cendres.

Ce serait faire le mal inutilement : l'instruction primaire et l'instruction supérieure progressivement acquises sont des faits indestructibles.

Il est de toute impossibilité d'extirper l'instruction de l'intelligence de ceux qui l'ont déjà reçue ; elle a été suffisante pour parcourir ses diverses phases, dont les plus remarquables sont : 1789, 1814, 1830 et 1848. Il aurait été certainement plus facile de l'arrêter à son origine, ou à chacune de ces époques, que de la faire rétrograder, maintenant qu'elle a touché le but.

C'est lutter contre l'impossible. C'est folie !

De même que le blé donne le pain qui nourrit le corps, de même la lecture est le pain qui nourrit l'esprit : l'un est aussi nécessaire à l'homme que l'autre.

Il n'est pas plus facile d'empêcher que le peuple ne

s'instruise et ne voie clair que de faire remonter un grand fleuve vers sa source.

Voyez donc, réactionnaires, qui cherchez à replonger les peuples dans l'ignorance, que la progression constante des faits, sous quelque point de vue qu'on l'observe, prouve irrévocablement que tous les obstacles seront surmontés; que le principe démocratique ne reculera point devant une transformation radicale, sociale, européenne et même universelle; qu'il marchera toujours droit devant lui, toujours en avant, et qu'en définitive il brisera et broiera tous les obstacles et toutes les résistances pour accomplir des promesses faites aux nations il y a dix-huit cent cinquante ans.

SIXIÈME ORDRE DE FAITS.

Avant 1789 la petite propriété et le petit propriétaire étaient imperceptibles aux yeux des seigneurs, regardant leurs vassaux du haut de leurs châteaux forts.

Après 1789, ils grandirent beaucoup.

De 1814 à 1830 ils grandirent encore; de 1830 à 1848 le petit propriétaire et la petite propriété grandirent tellement, que le petit propriétaire, par le suffrage direct et universel est devenu l'égal du grand, son ci-devant seigneur; et que la petite propriété paraît destinée à force de s'accroître, de faire comme la boule de neige, à absorber presque tout le sol agricole français.

Ce sera un heureux résultat social, incalculable aujourd'hui, puisque le même terrain, passant des mains du grand, dans celles du petit propriétaire, produit jusqu'au double et quelquefois davantage, et qu'un terrain stérile, dans les mains des grands propriétaires, devient souvent très productif dans celles des petits.

Nous allons apprécier ce résultat dans les paragraphes suivants :

§ 1. Comment les petits propriétaires parviennent-ils à ce degré de prospérité?

§ 2. Des obstacles.

§ 3. Ce qu'il était du devoir de faire.

§ 4. Quel sera le résultat le plus important produit par la prospérité de la petite propriété?

Nous allons approfondir avec plus d'attention et avec plus d'étendue ces quatre divers paragraphes ; les accessoires qui s'y rattachent, mais principalement la loi de 1814, qui autorise l'exportation des grains français, et celles de 1819, 1821 et 1832, qui défendent presque constamment l'importation en France des grain sétrangers.

§ 1.

Les petits propriétaires ont acquis leurs propriétés par le travail, l'ordre et l'économie.

L'HOMME DE LA CAMPAGNE.

L'homme de la campagne, dès qu'*il est* ou *peut devenir petit propriétaire,* se lève une heure plus tôt, se couche une heure plus tard, utilise tout son temps, pense la nuit à son travail du lendemain et donne constamment à sa propriété l'œil du maître; tout lui vient à profit, alors que, pour le propriétaire opulent, les mêmes objets tournent à rien et quelquefois à perte; le petit propriétaire est secondé par sa femme et par ses enfants, que la prospérité encourage à bien faire. Il vit de son travail et achète avec ses économies; au contraire, le propriétaire qui ne travaille point dépense ses rentes, et finit par emprunter. On le voit déjà, la lutte légale est devenue impossible et inégale.

Cependant, il est des personnes qui, pour contester ces résultats évidents, disent que la petite propriété est obérée, qu'elle est écrasée de dettes, qu'elle doit plus de la moitié de son avoir.

Ils ne voient la situation générale que de profil; il faut la regarder en face; ils devraient remarquer que, si la petite propriété est obérée, la grande l'est bien davantage, et qu'elle a moins de ressources pour se relever.

Il existe entre les deux cette énorme différence : la grande vend pour s'acquitter, tandis que la petite travaille et paye ce qu'elle doit; aussi la première baisse toujours, et la seconde hausse constamment.

Il y a plus, soit qu'un grand, soit qu'un petit propriétaire vende, ce qui se voit des deux côtés, pour solder des dettes justes ou injustes, c'est toujours la petite qui acquiert tout. Quant à la grande propriété, elle achète si rarement la petite que l'on peut dire qu'elle ne l'achète jamais.

C'est ainsi que le paysan français thésaurise, qu'il met récolte sur récolte, qu'il paye ses impositions et augmente continuellement son avoir. Cela nous faisait adresser, il y a douze ans, cette réflexion par un paysan de bon sens, qui a prospéré, en faisant depuis trente-cinq ans, ce que j'ai dit plus haut : « L'on dit qu'an-« ciennement *les gros* mangeaient *les petits*, mais main-« tenant il me semble que c'est bien changé ; c'est le « tour *des petits* de manger *les gros*. »

Il y a cette différence que les gros mangeaient les petits au moyen des droits féodaux et de beaucoup d'exactions ; cela n'arrive plus aujourd'hui *que par les impôts indirects*, les frais de justice, et les lois sur les céréales ; tandis que, si les petits, malgré tous les moyens inventés pour soutirer leur argent, absorbent les gros en achetant leurs propriétés, ils ne les mangent qu'à force de peine, de travail, d'économies, de veilles et de privations.

Telle est aujourd'hui la position relative des grands et des petits propriétaires.

Si ces derniers continuent, ils feront disparaître tous les gros, jusqu'au dernier, c'est-à-dire qu'ils achèteront les propriétés de tous les hommes oisifs. C'est inévitable.

Cet état de choses est une garantie définitive de paix sociale.

Cette tendance irrésistible étonne tous les anciens propriétaires ; ils voient leurs propriétés se fondre dans leurs mains, et ils n'ont aucun moyen légitime et avouable d'empêcher ces résultats : *le temps des spolia-*

tions en masse est passé; ils feront des essais infructueux, ils emploieront des palliatifs momentanés, ils voudront inventer le crédit foncier avec billets à cours forcé créés par le gouvernement. Ces billets paraissent jusqu'à présent n'être que le moyen de *payer tout avec rien*.. Inutiles subterfuges : les destinées de l'humanité s'accompliront.

Comprend-on bien ce que c'est que la petite propriété ? C'est la base, c'est le principe du suffrage direct et universel; c'est une force pacifique qui s'avance contre les anciens dominateurs du sol pour les absorber tous.

Six millions de petits propriétaires ruraux qui mettent de côté 1 franc par an économisent 6 millions de francs; supposons que, terme moyen, chaque petit propriétaire n'épargne que 50 francs par an, ils économiseront tous ensemble, chaque année, 300 millions, qui s'accroîtront encore des intérêts composés de ces énormes épargnes.

Ajoutez encore toutes les économies annuelles de tous les ouvriers laborieux et de tous les domestiques des deux sexes au nombre de plusieurs millions.

Que ces sommes seront considérables après dix ans, après vingt ans ! Faut-il une preuve plus convaincante pour établir que *le peuple est le maître de l'avenir*, puisque, dans un temps peu éloigné, presque toute la richesse territoriale et agricole sera entre ses mains.

Ce qu'il aura gagné péniblement, il le défendra à la vie, à la mort, envers et contre tous. Malheur à ceux qui voudraient porter directement ou indirectement, soit par un partage, soit par des impôts indirects spoliateurs, une main téméraire et coupable sur les propriétés de six millions d'intéressés.

Cela établit encore invinciblement que le suffrage direct et universel sera maintenu, que les *sociétés modernes devront s'y soumettre* et *en régler les conséquences.*

Ce que nous venons de dire ne donne peut-être pas encore une image assez saisissante de la puissance rapidement progressive de six millions de petits propriétaires qui, chaque année, augmentent leurs terres de celles de leurs ci-devant riches voisins.

Figurez-vous six millions de petites boules de neige au sommet d'une haute montagne, faiblement escarpée, partant à peu près en même temps, grossissant inégalement dans le trajet, jusqu'à devenir, en arrivant au bas, presque toutes des avalanches considérables.

Tels furent les petits propriétaires : imperceptibles d'abord aux yeux de leurs seigneurs, mais grandissant toujours depuis plusieurs siècles, surtout depuis soixante ans, et devenant enfin leurs égaux, au moyen du suffrage direct et universel.

Telle fut, telle sera aussi la petite propriété, imperceptible d'abord, grossissant sans cesse, et absorbant enfin presque tout le sol agricole français.

§ 2.

Obstacles.

Les petits propriétaires rencontrèrent des obstacles de deux natures. Les impôts directs, légitimes contributions que les citoyens doivent en proportion de leur fortune et les impôts indirects et les lois sur les céréales, prélèvements illégitimes faits sur le peuple et payés par ceux qui consomment en proportion de leurs besoins naturels, mais non de leur pauvreté.

Les lois sur les céréales sont certainement l'entrave la plus grande depuis l'extinction de la féodalité que l'on ait opposée au progrès de la petite propriété; la charge la plus lourde qui pèse sur le prolétariat, et l'empêche bien souvent d'acquérir une parcelle de terre ou le force de vendre celle qu'il avait achetée.

Nous allons examiner par qui ces lois ont été votées; dans quel esprit elles ont été faites; de quelles circonstances on a su profiter; le prétexte que l'on a invoqué pour les justifier et les conséquences qu'elles ont produites.

Les privilégiés virent avec peine l'abolition des droits féodaux; ils rêvèrent sans cesse au rétablissement de leurs priviléges; ils ne souscrivirent en 1814 en cédant aux nécessités d'une restauration, au maintien de leur abolition, qu'avec l'arrière-pensée de les rétablir bientôt à la première occasion favorable.

Aussi s'empressèrent-ils de faire la loi de 1814 qui permit l'exportation des céréales, et fit hausser sensiblement le prix du pain.

Ce fut la première pierre de l'édifice qu'ils voulaient relever.

Mais en 1815 la marche triomphale de Napoléon sur Paris vint leur révéler combien ils étaient peu sympathiques au peuple; leur impopularité jointe aux malheurs de 1815 et à l'affreuse misère de 1817, les força encore à ajourner leurs indignes projets.

Enfin 1819 leur parut l'instant favorable, non-seulement parce que le prix des blés avait baissé après deux années d'abondance, mais encore parce que, à ce moment, le pouvoir protégé par des lois contre les imprimeurs, les libraires et la presse, était tout entier entre leurs mains.

En effet, à cette époque on prétendait qu'il n'y avait que les plus riches parmi ceux qui possédaient la fortune territoriale de la France qui eussent le droit de concourir à la confection des lois, soit directement, soit par mandataires et que les prolétaires qui ne possédaient rien et les petits propriétaires étaient sans intérêt et sans droit.

Les électeurs, les députés, les pairs de France, les ministres étaient donc tous de riches propriétaires, ardents à adopter toutes les mesures qui pourraient accroître les revenus de leurs fermes.

Oubliant la famine affreuse de 1817, causée en partie par leur loi de 1814, et fermant les yeux sur des malheurs dont ils avaient profité, ils présentèrent la loi de 1819, et pour la faire accepter, ils inventèrent toute espèce de prétexte.

Ils firent semblant de s'apitoyer sur le sort de leurs fermiers malheureux qui ne pourraient payer le prix de leurs fermes, si l'on ne venait très vite à leur secours.

Ils firent croire, la presse étant muselée, que les terres seraient sans culture, que les propriétaires ne pourraient payer leurs contributions si les blés ne venaient pas à atteindre le prix moyen de 18 à 20 fr. l'hectolitre.

Toutes ces exagérations qui furent démenties par l'avenir décidèrent cependant l'adoption *faite en famille privilégiée* de leur loi qui prohiba l'importation du blé étranger presqu'en toutes circonstances.

Il est beau et utile sans doute de protéger l'agriculture ; mais il ne faut pas que ce soit au profit unique des grands propriétaires et au préjudice des pauvres malheureux prolétaires consommateurs.

Si ces lamentations avaient été sincères, il fallait naturellement que tous ces bienveillants propriétaires, si leurs fermiers payaient trop cher, diminuassent d'autant le prix de leurs baux : c'était facile.

Mais ce n'était pas ce qu'ils voulaient en se lamentant, en faisant semblant de s'apitoyer sur le sort de l'agriculture et des agronomes et sur celui de leurs fermiers en particulier.

Ils ne voulaient que donner le change à l'opinion publique, et abuser le peuple ; ils voulaient plumer la poule, c'est-à-dire le peuple, sans le faire trop crier.

Ils voulaient, tranchons le mot, disons toute la vérité, prélever par un moyen détourné, chaque année une somme immense, afin d'augmenter leurs fortunes particulières ; ils voulaient, sans le déclarer tout haut, s'exempter des impôts auxquels ils étaient assujettis par l'article 2 de la Charte de 1814, transaction entre le riche et le pauvre.

Le prétexte une fois inventé, leur but fut atteint facilement par ces deux lois votées à titre d'essai seulement. C'était comme tout en France, *du provisoire définitif.*

Dans les années d'abondance, les blés français furent vendus à l'étranger et l'on désapprovisionna le pays ; mais dans les années de médiocre récolte, la France, qui ne produit pas, année moyenne, assez de blés pour nourrir ses habitants, se trouva dégarnie.

De cette manière, ces deux lois donnèrent aux riches propriétaires le monopole exclusif dela vente des grains, avec cette condition inqualifiable et tacite, qu'ils ne vendraient que les blés provenant de leurs récoltes ; car ils avaient permis d'exporter les blés français. Et pour assurer davantage leur privilége, ils avaient environné la faculté de l'importation des blés étrangers en France de tant d'entraves que la permission qui était accordée équivalait dans l'esprit des auteurs de la loi à une prohibition absolue.

Ainsi, les riches propriétaires fonciers s'autorisèrent à l'exportation de leurs blés, sans se préoccuper aucunement de *créer des greniers d'abondance et des réserves en grains pour empêcher les disettes et les famines.* Ils trouvèrent seulement en 1814 les moyens d'exporter le superflu des années abondantes, et de désapprovisionner le pays. En 1819, ils prohibèrent l'importation des blés étrangers, à moins qu'ils ne valussent en France un prix assez élevé pour faire craindre des émeutes, des insurrectious ou une révolution.

En un mot, ils inventèrent le moyen de vendre leurs blés de 14 à 15 francs aux étrangers, et de les faire suracheter aux prolétaires 24, 30 et 40 francs l'hectolitre pendant les années de disette et de famine.

Par la combinaison de ces lois ténébreuses, les subsistances, ces objets de première nécessité, furent imposés, non au profit de l'État, mais de quelques individus, sans qu'on ait prononcé ni le mot impôt, ni le mot dîme : c'est là que se trouve toute l'habileté.

Quelques personnes ont prétendu que les législateurs avaient agi de bonne foi; mais s'il en eût été ainsi, pourquoi ne se sont-ils pas dit :

Si la protection que nous accordons à l'agriculture contre la concurrence étrangère est efficace, nos fermiers nous payeront bien, et le prix de nos baux augmentera à notre profit exclusif et au préjudice des prolétaires consommateurs.

Pour ne pas être accusés d'intentions qui ne sont jamais entrées dans nos pensées, constatons avant tout et officiellement dans chaque commune les revenus que nous retirons de nos terres, et *abandonnons le surplus aux malheureux qui chaque jour payeront le pain plus cher qu'il ne vaudrait, si nous ne faisions pas ces lois.*

Enfin, pourquoi n'ont-ils point introduit dans ces lois un article ordonnant que *tous ces bénéfices illégitimes feraient retour légitime* aux prolétaires, et qu'on créerait à leur profit un fonds de secours, dont une partie du produit serait distribuée équitablement entre les orphelins, les malades et les infirmes, et dont le surplus serait réparti entre les vieillards pour leur former une pension de retraite.

Si l'on avait agi comme la probité le commandait, l'on ne serait pas obligé de se donner maintenant, en

1850, tant de peines hypocrites pour fonder au profit des vieillards des pensions de retraites, au moyen de privations nouvelles : ce retour légitime eût été suffisant : il serait suffisant.

Le propriétaire n'a rien abandonné de ses revenus au prolétaire, c'est au contraire ce dernier qui, en violation de la Charte *des légitimistes* et de tous principes d'équité, paye la protection donnée à son préjudice; l'augmentation des fermages a été telle qu'elle a souvent dépassé de beaucoup les impôts dus à l'État; n'est-ce pas là le caractère du droit féodal, de la dîme?

Pour juger sainement, il ne faut pas s'attacher aux mots, il faut voir le fond des choses, le but qui est atteint par ces lois.

Bientôt les prescriptions des lois de 1814 et 1819 parurent insuffisantes, celle de 1821 vint ajouter à leur rigueur, en empêchant d'avoir recours aux grains des autres pays, le prix des céréales dut augmenter considérablement en France et enrichit tous les grands propriétaires.

Pour maintenir ces lois, l'on fit marcher parallèlement une législation étouffante contre la presse : faire des lois contre la presse est toujours un signe certain de mauvaises intentions.

En 1830 l'on fit semblant, pendant qu'on eut peur, de vouloir réformer ces lois ; mais pour ne pas avoir la main forcée par de si légitimes réclamations, l'on fit encore des lois contre la presse et l'on restreignit toutes les libertés nées de la révolution de Juillet.

Plus tard enfin, dans le courant de 1831 et 1832, le gouvernement de Juillet, après avoir bâillonné comme nous venons de le dire l'opinion publique, sembla faire et fit réellement de sincères efforts pour modifier profondément et même radicalement la législation sur les céréales.

Mais la majorité à la chambre des députés, qui avait comprimé toutes manifestations de la presse, capables d'éclairer le peuple, agissant secrètement dans un sens contraire à ses démonstrations publiques et à ses promesses, endormit les prolétaires et fit retarder la discussion de la loi de 1832 assez longtemps pour écouler tous ses blés. Pendant *ce sommeil*, l'on fabriqua encore une nouvelle loi contre la presse. Un audacieux menteur disait : « Le peuple a donné sa démission ; il « se tait, donc il est content. »

Le ministre, en 1832, comme l'avait fait son prédécesseur en 1829, dut autoriser la violation de la loi et permettre l'importation des grains à Marseille, afin que cette ville, où le prix des blés dépassait le taux porté aux tarifs régulateurs, n'endurât pas plus longtemps les horreurs d'une disette et d'une famine. Des grains étrangers étaient arrivés dans son port, et l'on en refusait l'entrée sous le prétexte ridicule que les mercuriales des villes situées à 50 ou 60 lieues ne constataient pas que les blés fussent assez chers sur ces marchés.

Ces faits graves sont la critique la plus amère de ces lois funestes.

C'est remplir une pénible tâche que de calculer ce

que peuvent avoir coûté aux prolétaires les tristes conséquences de ces lois.

Il est reconnu en économie domestique que chaque individu, en France, mange, terme moyen, trois hectolitres et un tiers de blé par an au moins.

On admet aussi que *cinq personnes composent la famille du pauvre, toujours plus nombreuse que celle du riche*, et ce chiffre n'est pas exagéré; car si l'on n'y comptait en moyenne que quatre personnes, la population de la France diminuerait ou resterait stationnaire, tandis qu'elle augmente chaque année.

La famille du prolétaire consommera donc 16 hectolitres de blé par an qui ont subi, par suite de la législation qui nous occupe, une augmentation, année moyenne, de 3 à 4 francs par hectolitre; elle paye, en conséquence, un impôt d'au moins 48 francs par an; ce qu'il y a de plus extraordinaire, c'est qu'elle l'ignore, et quand arrivent les années de disette et de famine, ses souffrances sont bien grandes, sont excessives.

Peut-on calculer ce que les famines de 1817, 1827 à 1832, ont coûté aux *gens sans terre?*

Pour celle de 1847, des statistiques ont établi qu'elle avait fait perdre de 11 à 1,200 millions, produisant environ 60 millions de rente.

Avait-on en 1848 le droit de se plaindre si haut de l'impôt des 45 centimes, puisque la famine seule de 1847 avait coûté cinq fois plus aux prolétaires? Nous avons fourni plus haut nos preuves.

Que de familles ont été ruinées par cette défectueuse

législation des céréales! *que de mendiants dont le dénûment n'a pas d'autre cause!*

Les mauvaises récoltes qui se succédèrent n'eurent pas pour seule conséquence d'amener progressivement la ruine des prolétaires, elles mirent dans les cœurs de ceux qui souffraient le germe des surexcitations qui les préparèrent à favoriser tout événement, quel qu'il fût, en 1830 et en 1848.

L'on sème par cupidité un champ fertile en révolutions, et quand la semence produit ses fruits naturels, on affecte d'être étonné, et l'on accuse hardiment les malheureux qui en ont le plus souffert.

Les mercuriales ont constaté que l'on n'a importé en France que seulement 8,833,284 hectolitres de blés étrangers en 1847.

Elles attestent un fait que nous tenons pour vrai; mais il nous est démontré que ce fait vrai ne constate point la triste réalité. Est-ce à dire que si tous les Français avaient satisfait leur appétit; que si aucun n'avait plus ou moins jeûné, il n'aurait pas fallu importer une plus grande quantité de blés en France? Nul n'oserait le soutenir.

On exporta de France le blé, pendant 1814, 1815, et quand vint la famine de 1817, le pays se trouva dégarni et subit des malheurs qui sont la suite d'une cupide imprévoyance: si le peuple ne se souleva pas à cette époque, c'est que, 1° les Bourbons, pour ne pas être exilés une troisième fois de France, y avaient conservé cent cinquante mille étrangers qui gardèrent, jusqu'en 1818, nos frontières et celles de nos places fortes qu'ils ne démolirent point; 2° la presse était muselée et bâillonnée; 3° l'on subissait la justice terrible des cours prévôtales.

Pour apprécier sainement les événements qui se suivent, il faut étudier les causes qui les ont précédés, préparés ou empêchés.

Ainsi, les étrangers étant partis, la famine de 1829 ne précéda que d'un an la révolution de 1830, et celle de 1847 ruina le pays un an avant notre dernière révolution.

Tant de maux causés au pays n'ont profité qu'à la classe des privilégiés; le prix moyen du blé a tant augmenté, que les fermiers ont très bien payé leurs propriétaires.

Alors ces derniers ont encore augmenté le prix de leurs baux, et leurs malheureux fermiers, sur le sort desquels on faisait semblant de s'apitoyer, n'ont rien gagné à ces lois faites, disait-on, pour eux seuls.

Ah! justice des hommes, à travers les siècles écoulés, tu as toujours été la même!

§ 3.

Ce qu'il était du devoir de faire.

Les légistes qui affirment que les propriétaires ont le droit d'user et d'abuser de leurs biens, se trompent gravement.

La propriété n'est consolidée et sacrée entre leurs mains, qu'à la condition tacite d'en faire un usage utile à eux-mêmes et à la société.

Ainsi, il ne serait pas permis à tous les propriétaires

de laisser méchamment leurs terres en friche ; ils sont déjà très blâmables envers eux-mêmes et envers la société en ne leur faisant pas produire tout le blé qu'elles pourraient donner.

Sans grande augmentation de frais de culture, il serait possible de faire rendre à la terre, par une production constamment croissante, jusqu'au double de ce qu'elle produit ; chez nos voisins, avec des terres de mêmes qualités, l'on obtient ce résultat. Les fourrages augmentant, les engrais seraient plus abondants ; il en serait de même des récoltes et du croît des bestiaux. Une première mise de fonds amènerait peu à peu ces résultats, dans la limite de ce qui est possible:

Alors une ferme qui donnait 100 hectolitres de blé en donnerait 200 ; ainsi le prix de l'hectolitre de blé de 19 francs pourrait être réduit facilement à 14, et alors la concurrence étrangère ne serait plus à craindre et les lois sur les céréales seraient virtuellement abrogées,

Enfin, malgré cette réduction, qui serait progressive, une propriété qui rapporte aujourd'hui, valeur brute, 2,000 francs, répartis par moitié entre le propriétaire et le fermier, produirait 2,800 francs, et, en outre, une augmentation sur le croît des bestiaux ; le tout se partagerait ainsi : 1,800 francs reviendraient au propriétaire, et 1,000 francs, plus le croît, au fermier.

Dans cette position, tout le monde serait content, et la France, ayant toujours des blés à vendre, n'aurait pas besoin de lois qui prohibent l'importation de blés étrangers.

Les prolétaires n'auraient plus à craindre de disettes; ils auraient encore moins à redouter une famine, la majeure partie des causes qui engendrent les révolutions aurait disparu ; les résultats seraient encore plus heureux si toutes les bonnes terre, encore en friche, étaient mises en culture.

De cette manière très légitime, les bénéfices des propriétaires auraient presque doublé, et les prix du blé et du pain auraient presque diminué d'un tiers ; en même temps le fermier y aurait un bénéfice plus considérable.

Ainsi le propriétaire et les prolétaires y trouveraient un bénéfice réel, très grand et légitime.

L'on ferme volontairement les yeux devant la possibilité d'obtenir de tels résultats.

Mais les propriétaires actuels, dira-t-on, ne pourront pas conserver leurs terres, si on ne leur donne un moyen factice d'augmenter le prix de leurs récoltes. Nous pensons que de semblables moyens ne les encouragent pas à bien faire, mais qu'au contraire ils les rouillent et les endorment dans leur routine, puisqu'ils ont à peu près le même avantage à faire mal que bien.

Mais lors même qu'il serait vrai que leurs propriétés dussent leur échapper, philosophiquement parlant, où se trouverait le mal social?

On ne manquerait pas d'acheteurs qui acquerraient et *payeraient loyalement* avec les bénéfices du commerce ou *avec les produits de leurs privations et de leurs économies,* et qui seraient tout aussi utiles à l'intérêt général que l'étaient les anciens propriétaires.

Alors les immeubles passeraient naturellement et justement dans d'autres mains; c'est la loi du mouvement, c'est la loi du progrès; ces mutations sont la récompense et la punition légitimes des travailleurs utiles et de ceux qui ne font rien.

Pourquoi vouloir empêcher par des procédés factices et injustes le cours naturel des choses? Pourquoi ne pas donner tous ses soins à empêcher les causes des disettes et des famines?

Celui qui travaille doit monter; celui qui ne fait rien doit descendre.

C'est indiqué par le bon sens le plus vulgaire : *nos grands hommes, seuls*, semblent l'ignorer.

Le chef de l'État doit tenir la balance égale entre le producteur et le consommateur; il ne doit pas perdre de vue que la voix du plus pauvre est et *lui fut* aussi précieuse que celle du plus riche. Il leur doit la même protection : un homme vaut un homme.

Toutes ses pensées doivent donc se tourner vers *ces lois* qu'il faut faire disparaître de nos codes; vers ces lois *qui sont un reste de la féodalité*.

Ce n'est pas là leur seul inconvénient; en empêchant le prix du pain de baisser, elles empêchent de diminuer, avec avantage pour les prolétaires, les prix des salaires, conséquemment les prix de fabrication, et de détruire la concurrence étrangère en vendant à plus bas prix. En économie politique, domestique et sociale, tout se tient, tout s'enchaîne.

Haussez le prix du pain, la concurrence à l'étranger

n'est plus possible ; baissez-le, à l'instant même tout devient possible ; l'abondance et la prospérité naissent comme par enchantement sous les pas d'hommes probes, bien intentionnés et capables.

Il ne faut au suffrage direct et universel que vouloir pour obtenir tout ce qui est réalisable.

Républicains, défenseurs naturels du prolétaire, reconnaissez, à travers les ténébreuses machinations dont on a entouré ces lois, leur véritable esprit, leurs terribles conséquences, et poursuivez-en l'abolition dans vos écrits, à la tribune nationale, partout où l'occasion s'en présentera.

Réparez l'oubli que firent les gouvernements provisoires en 1830 et 1848.

Malheureusement, trop préoccupés de questions personnelles, ils ne songèrent pas au plus pressé. Cependant, 1829 et 1847 devaient être présents à leurs esprits : *le sens démocratique de cette abolition eût été compris !*

Nous demandons qu'en abolissant ces lois et qu'en favorisant l'agriculture on laisse à chaque fermier la faculté de résilier son bail, s'il trouve que le prix n'est pas en rapport avec les résultats de l'abolition des lois sur les céréales ; car il serait tout à fait injuste de laisser les fermiers à la discrétion des propriétaires fonciers. Protégeons les prolétaires, mais n'oublions jamais que les fermiers sont aussi des hommes sans terre.

Nous sommes dans un temps d'abondance de toutes choses, où l'on peut et où l'on doit dire la vérité tout entière, parce qu'elle peut être examinée, vérifiée et appréciée avec calme sans irriter ni même exciter les passions.

Il existe un moyen d'amoindrir les conséquences fâcheuses de cet oubli. En effet, puisque le pain cher, les disettes et les famines causent les émeutes, les insurrections et les révolutions, il faut aviser, pour empêcher le pain d'être cher, au moyen de rendre le blé abondant.

Ayez cent mille hommes de troupes de moins, vous rendrez cent mille hommes valides à l'agriculture et vous économiserez 70 millions que vous donnerez à la culture des terres en friches, des landes, des bruyères et des terres maintenant cultivées.

Par ce dernier emploi de vos fonds, de beaucoup préférable au premier, vous moraliserez le peuple, et alors vous ne rencontrerez pour opposants que les riches propriétaires de terres produisant du blé qui se lamenteront en disant : Mais s'il y a plus de propriétés produisant du blé nos revenus diminueront; alors vous connaîtrez le secret qui fait négliger l'agriculture et vous vous détournerez enfin avec dégoût.

§ 4.

Quel sera le résultat le plus important produit par la prospérité de la petite propriété.

La prospérité de la petite propriété est pour l'avenir une garantie du succès de la démocratie; elle assure en même temps le calme et l'ordre si nécessaires au peuple dans son triomphe. Plus la propriété passera dans les mains des prolétaires, plus ils seront instruits, laborieux, ennemis des révolutions violentes; mais aussi plus ils seront jaloux de leurs droits et favorables aux améliorations pacifiques.

La petite propriété deviendra la base des sociétés modernes, elle sera le point sur lequel reposera l'ordre social; de même que les sous-officiers d'un régiment sont la force et la base sur lesquelles s'appuie la discipline militaire.

Dans les sociétés modernes, elle fera, défera, et maintiendra tout ce qui lui conviendra.

Les faits relatifs à la propriété nous conduisent au même résultat que ceux relatifs à la monarchie, malgré des entraves de toute nature, des impôts vexatoires, qui paralysent la progression rapide de la petite propriété; elle absorbe et absorbera les grandes terres, et deviendra tout, quoiqu'il y ait à peine soixante ans elle ne fût absolument rien.

En définitive il ne faut pas retarder par des moyens injustes ce résultat inévitable; il faut s'attacher aux règles du bon sens le plus vulgaire et d'une équité rigoureuse, proclamées par la commission des trente représentants à l'Assemblée législative, choisis par la majorité pour faire un rapport sur la prévoyance et l'assistance publiques.

On lit dans le rapport :

« 1° Page 3. La commission a parcouru la longue « et douloureuse chaîne des misères humaines pour « chercher les moyens *légitimes* et efficaces de secourir « le peuple et d'améliorer son sort.

« 2° Encore page 3. Elle n'a reculé ni voulu reculer « devant aucune difficulté.

« 3° Page 6. L'État agissant avec les deniers de tous, « *avec ceux* DU PAUVRE COMME AVEC *ceux du riche*, doit « recourir aux principes de justice distributive, et « *examiner si en donnant aux uns il ne prend pas aux* « *autres*; si, en un mot, il ne manque pas aux règles « d'une bonne et équitable administration.

« 4° Page 12. L'État ne peut pas être *imprudent* : « *il serait spoliateur*.

« 5° L'État donne le bien de tous, et, comme dans « l'impôt il entre la contribution *des pauvres*, *et* DES « PAUVRES PLUS QUE DES RICHES A CAUSE DE LEUR GRAND « NOMBRE, *il prendrait à certains pauvres pour donner à* « *certains autres*; ce qui serait non-seulement injuste, « mais absurde et déraisonnable.

« 6° Page 12. Nous le répétons, ce n'est pas pour lui « assurer le moyen de donner moins ou de donner peu « que nous posons ces limites, c'est afin de garder la « fortune publique, qui est CELLE DES PAUVRES, ENCORE « PLUS QUE CELLE DES RICHES. »

L'on voit que la commission des trente a posé des principes aussi incontestés qu'incontestables; qu'elle a fait preuve ou PARADE des plus honorables intentions.

Nous *demandons dans l'intérêt des pauvres* l'application de ces principes en toutes occasions, et immédiatement aux lois sur les céréales dont nous réclamons la prompte abolition.

SEPTIÈME ORDRE DE FAITS.

Avant 1789 la loi était faite pour un seul homme : le Roi.

Depuis 1789 les lois furent faites par des assemblées nommées par des électeurs.

La constituante, la législative, la convention, le conseil des anciens, les cinq-cents, le tribunat, le corps-législatif furent des assemblées sorties des suffrages de la nation plus ou moins restreints.

Ainsi le mode d'élection et d'éligibilité éprouvèrent de nombreuses variations et transformations sous les divers gouvernements qui se succédèrent pendant une période de vingt-cinq ans.

Sous l'empire, quoique le droit de faire des lois fût redevenu le privilége d'un seul homme, la démocratie avait au moins une apparence incontestée de droit; cette seule apparence en imposa assez aux ennemis en 1814 et 1815, et aux Bourbons, pour qu'ils crussent qu'ils ne pouvaient régner qu'en donnant une charte constitutionnelle.

Sous la restauration, les lois furent faites par une chambre des pairs et une chambre des députés payant 1,000 francs d'impositions et nommés par des électeurs payant 300 francs et 1,000 francs d'impôts.

Quoique le droit à élire et à être élu fût si restreint, qu'il appartenait à moins de cent mille électeurs, cela n'a pas empêché la restauration de tomber, et la royauté de juillet de subir le même sort.

Cependant, celle-ci avait abaissé le cens électoral et

électif, en le réduisant à 500 francs pour les députés, et à 200 francs pour les électeurs.

Le nombre de ces derniers s'élevait à environ deux cent mille.

Enfin, les lois furent faites sous la République démocratique, d'abord par l'Assemblée constituante, puis par une Assemblée législative et un président.

Tous ces pouvoirs ont été nommés par neuf millions six cent mille électeurs.

On ne peut nier que la plus belle conquête de la démocratie ne fût le suffrage direct et universel. Elle fut en même temps la plus rationnelle et la plus utile.

La persistance des législateurs à faire constamment les lois au profit des privilégiés prouve péremptoirement sa nécessité et sa légitimité ; puisqu'il est reconnu que le bien ne vient jamais d'en haut, il faut nécessairement l'obtenir du concours et de la volonté de tous les intéressés.

En effet, chaque individu a le droit de défendre ce qui produit aux uns aisance et superflu, et ce qui éloigne des autres misère et souffrances de toutes sortes.

L'évidence de ces intérêts opposés et de ces droits égaux justifierait le suffrage direct et universel s'il avait besoin de justification.

Les plus riches, pendant qu'ils étaient mandataires forcés des prolétaires, ont oublié de protéger leurs mandants et de les défendre; ils n'ont pensé qu'à eux seuls.

Certainement, les prolétaires n'auraient pas donné mandat de faire les lois sur les céréales et sur les impôts indirects; et si le suffrage universel avait existé elles auraient été abolies depuis longtemps. N'est-il pas de toute évidence que l'homme sur la terre, ayant non-seulement le droit de vivre pour être le plus heureux ou le moins malheureux possible, doit pouvoir protéger ou faire défendre directement ou indirectement sa position, quelque élevée ou quelque abaissée qu'elle soit? C'est incontestable. L'on est seulement étonné qu'une si grande vérité ait pu être méconnue depuis bientôt six mille ans.

Preuve.

Prouvons, par un exemple, que tout homme a le droit de protéger et de faire défendre son existence.

En effet, celui qui n'a que 50 centimes à dépenser par jour a tout aussi bien le droit d'empêcher, par ses délégués, qu'on ne les réduise à 40 centimes, que l'homme qui a 20 francs de revenu par jour a le droit d'empêcher qu'on ne le restreigne à 15 francs par jour. C'est aussi incontestable à l'égard du second que du premier.

Dignité du peuple aux élections.

Le peuple a compris la haute portée du droit qu'il est appelé à exercer : il a accompli son devoir avec dignité.

Lorsque les élections avaient lieu avec les électeurs à 1,000 francs, à 300 francs et à 200 francs, elles ne se passaient jamais sans disputes, rixes et voies de fait; sans corruption et achats de votes.

Maintenant les temps et les mœurs sont bien changés : nous ne voyons aucun symptôme de ces faits honteux et dégradants.

Depuis 1848 tout se passe avec calme, ordre et discipline; *les pauvres donnent aux anciens privilégiés l'exemple de toutes les vertus civiques et de la soumission aux lois.*

Le suffrage universel est la grande loi de l'avenir. Il faut le dire et le reconnaître, puisque c'est la vérité, *le suffrage direct et universel a moralisé les élections* et les électeurs privilégiés : l'on ne se bat plus, l'on ne se vend plus.

Si les faits qui viennent de s'accomplir si paisiblement au milieu de nous, sous nos yeux, s'étaient passés il y a deux mille ans, ou à deux mille lieues, nous refuserions d'y croire; nous les traiterions de fabuleux; nous donnerions pour preuve de leur fausseté les élections générales auxquelles un petit nombre de citoyens prend part, qui sont en usage chez nos voisins d'outre-mer, et les orgies et les combats, et les corruptions éhontées qui les accompagnent toujours.

Mais les élections républicaines françaises se sont accomplies nombre de fois au milieu de nous, sous nos yeux, depuis février 1848, et elles ont toutes présenté un calme qui fait le désespoir des ennemis de la République, et donnent toutes espérances aux amis de l'humanité.

Il n'est plus possible d'affirmer que le suffrage direct et universel ne soit pas réalisable, et d'en calomnier le paisible exercice par dix millions d'hommes de tous âges, de toutes religions, de toutes éducations et conditions, et jouissant de fortunes excessivement inégales.

Tous ces faits irrésistibles qui auraient semblé des causes de désordre se sont produits avec un calme, un ordre et une discipline sublimes de résignation et de patience chez ce peuple qui attend et qui espère, et qui cependant était l'objet d'excitation au désordre et aux discordes civiles de la part de nos sommités désespérées et effrayées de voir arriver le terme d'une injuste domination.

Nouvelle arme défensive.

Les plus grands résultats s'obtiennent toujours par le moyen qui semble le plus simple. En effet, cette puissance produite par un petit carré de papier est magique, incroyable! Elle est une conquête précieuse de la civilisation moderne; elle est un grand enseignement pacifique donné au monde; c'est la nouvelle arme défensive des peuples qui combattent pacifiquement et démocratiquement pour la revendication de leurs droits méconnus.

Le petit carré de papier, c'est la démocratie calme, forte, disciplinée et certaine du succès qui s'avance, grande d'avenir vers ses destinées.

Ce calme, ce sang-froid, cette patience d'un peuple qui attend et qui souffre sans se plaindre, sont aussi merveilleux que la puissance de la vapeur ou que le télégraphe électrique, terrestre ou sous-marin.

Salut à la puissance nouvelle!

Salut au suffrage direct et universel! Rois et peuples s'inclineront respectueusement devant sa volonté!

Quelle résignation inattendue, sublime de patience!

Que le peuple persiste maintenant qu'il connaît la toute-puissance pacifique de la résistance légale, du suffrage direct et universel et de la force d'inertie et qu'il en a fait plusieurs fois l'épreuve toujours victorieuse : sa victoire certaine brisera toutes les coalitions et jusqu'aux plus fortes résistances.

Mais ce ne sera pas sans efforts qu'il arrivera à ce résultat; car, aussitôt après les élections des 10 mars et 28 avril, la réaction s'écria : *La Constitution tue la société; la société meurt sous les étreintes du suffrage universel. Combattons à outrance tous les jours et à toute minute, par tous les moyens légaux et illégaux*, les progrès de la démocratie.

Et alors la commission des dix-sept se réunit et fabriqua les lois dont nous avons parlé plus haut.

Son but a été de restreindre le suffrage direct et universel et de rayer par des tricheries législatives et administratives trois ou quatre millions de citoyens au moins sous divers prétextes.

Que de temps gaspillé à mal faire! Que n'en emploie-t-on la dixième partie à faire le bien.

Que signifient donc ces distinctions entre honorable et vile multitude, alors qu'il s'agit du suffrage universel, alors qu'il s'agit pour chacun de défendre ce qu'il a de plus précieux au monde : son existence, son droit à vivre, plus heureux pour les uns, moins malheureux pour les autres?

Est-ce que la perfidie, la perversité, réunies à la mauvaise foi, voudraient faire supposer que les honnêtes gens ne forment pas dans la nation une énorme majorité, et que les malhonnêtes gens ne sont pas une imperceptible minorité. Sur toutes les questions de bonne foi et de bonnes intentions, tous les citoyens sont d'accord : 1848 et 1849 l'ont prouvé.

Le peuple veut et voudra toujours que l'homme qui lui aura dit : Je suivrai telle ligne de conduite la suive invariablement, et il repoussera sans cesse avec mépris, dégoût et indignation ceux qui l'auront abusé et trompé ; ceux qui auront eu l'impudence de dire je faisais semblant de vouloir comme vous pour vous plaire et pour capter votre confiance ; mais je voulais le contraire de ce que je disais. Si je donnais des poignées de mains et des baisers, c'était dans ma pensée une monnaie peu coûteuse et sans valeur.

La France désillusionnée, repoussera ces hommes audacieux, impudents, capables de tout pour satisfaire leurs intérêts et leurs rancunes.

Réfutation.

Aussitôt que la loi du 31 mai fut votée, les réactionnaires entonnèrent ces chants de victoire : *Tout est sauvé ! la société ne nous échappera pas !*

Ils ne pensaient pas un mot de leurs affirmations ; car ils ne pouvaient avoir déjà oublié qu'ils n'ont rien sauvé à l'époque où la loi était faite ou par un seul homme ou par des électeurs privilégiés sur lesquels ils pouvaient exercer leur influence et qu'ils pouvaient corrompre de toute manière.

Mais aujourd'hui, quelle influence peuvent-ils avoir sur cette masse d'électeurs dont le nombre est encore d'environ cinq ou six millions qu'il leur sera impossible d'acheter comme des électeurs à 1,000, à 3 et à 200 francs. L'on sait comment l'on soldait ces derniers? Mais comment pourrait-on payer les premiers? Quelles personnes auraient des sommes assez considérables?

Résultats probables de la loi du 31 mai.

Que le peuple se rassure, cette loi ne compromet en rien son triomphe, car la conduite de la réaction produit beaucoup de malheurs individuels dont le résultat sera d'engager la majeure partie des électeurs restant inscrits sur les listes à tendre une main fraternelle aux électeurs exclus; cette loi aura plus hâté le dénoûment du problème social européen que n'auraient fait le maintien du suffrage universel et le vote intelligent et sincère de toutes les améliorations réclamées.

Que la démocratie ne s'effraie pas de la conduite de ces gens qui semblent ignorer combien sont honorables beaucoup plus des trois quarts des millions d'électeurs qu'ils ont insultés et privés étourdiment d'un droit auquel ils tiennent d'autant plus qu'ils l'ont exercé déjà plusieurs fois avec probité et modération.

Ces exclus se tiendront derrière les votants, comme tous les exclus d'avant 1848 se tenaient derrière les électeurs à 3 et à 200 francs pour les stimuler. Ils diront à plusieurs : si vous êtes électeurs, c'est parce que nous avons été vainqueurs en 1830 et en 1848. Mais gardez-vous bien de croire que vous le devez au bon plaisir des hommes qui veulent vous endoctriner et qui vous chasseront comme ils ont fait à notre égard si vous avez l'imprudence de les renommer pour vos représentants.

Ils influenceront aussi leurs pères, leurs frères, leurs parents, tout le monde; tous ceux qui ne sont pas convaincus que tous les Français exclus soient une vile multitude; ils leur montreront parmi ces exclus des hommes très estimables, des millionnaires, des fonctionnaires retraités et des nouveaux mariés qui habitent dans la famille de leurs épouses, d'honnêtes ouvriers et cultivateurs à la ville et à la campagne, des étudiants, des commis négociants et des commerçants fixés définitivement, des notaires, des avoués, des huissiers, des avocats, etc., tous hommes honorés et honorables, auxquels nous confions chaque jour la défense de notre honneur, de notre vie et de notre fortune, et auxquels nos législateurs refusent pendant un certain temps le droit de donner leurs votes confondus dans cinq à six millions.

A cela nos législateurs disent : si nous perdons un millionnaire, nous ôtons du même coup mille prolétaires qui auraient voté contre nous; nous avons joué à qui perd gagne : tout le bénéfice est pour nous; leur calcul est faux ainsi que nous l'avons démontré.

Cette conduite ne donne aucune racine dans le pays ni aucune puissance morale à l'Assemblée législative, née de nos discordes civiles habilement préparées, entretenues et exploitées; elle n'est plus l'expression des électeurs qui l'ont nommée, elle représente des électeurs qu'elle a frappés d'indignité! elle n'est maintenue que par la force matérielle et par le très juste espoir qui est donné à la nation de tout réparer pour marcher en avant à partir du mois de mai 1852, grande époque de tous les ajournements et de toutes les espérances populaires. Que ce dernier espoir ne soit ni une illusion ni une déception!

Le peuple, depuis 1789, a su vaincre toutes les difficultés qu'il a rencontrées sur son passage; toutes les monarchies ont cédé à ses efforts.

La loi des dix-sept ne sera pas un obstacle pour lui. Dans leur illusion, nos législateurs n'ont vu leurs ennemis politiques que dans ce qu'ils qualifient de *vile multitude*, tandis qu'ils avaient peut-être plus de partisans que les démocrates parmi les électeurs exclus. Mais le succès de ces derniers est certain, ils sont sûrs de pouvoir avant peu abattre cette barrière et marcher d'un pas ferme dans la voie du progrès.

Que peuvent lui opposer tous ces partisans désespérés de la monarchie? Rien : car ils n'ont plus à leur service que leur mauvais vouloir, la calomnie démasquée et leur impuissance à faire le bien.

RÉSUMÉ ET CONCLUSION.

Hommes du passé, réactionnaires impuissants, vous qui avez conduit à leur perte la Restauration et le gouvernement de Juillet, avez-vous oublié les leçons des derniers temps de cette seconde dynastie?

Vous aviez osé dire à cette époque que cent députés environ étaient animés d'intentions aveugles et coupables, et ces qualifications injurieuses, en rejaillissant sur les électeurs qui les avaient nommés et sur ceux qui, sans être électeurs, partageaient leurs opinions politiques, ont justement excité contre vous plusieurs millions de Français.

Vous venez en 1850 de répéter la même faute ; ses conséquences seront les mêmes ou plus fatales.

Pourquoi avez-vous poussé le peuple à ses dernières limites, en excitant entre eux les citoyens de même nation, en divisant la France en deux camps inégaux : celui des blancs et celui des rouges ?

Vous ne voyez donc pas que le peuple a toujours gagné et gagnera toujours le terrain que vous perdrez.

Avant 1789, opposé à la royauté, il n'était rien.

Opposé au clergé et à la noblesse, il était peu de chose.

De 1789 à 1793 les distances qui séparaient ces trois ordres diminuèrent beaucoup, mais il n'y eut entre eux qu'une égalité fort douteuse.

En 1814 la royauté revenait la tête haute, et, parlant presqu'en maîtresse, présentait sa charte, indice de sa faiblesse, et transaction avec le peuple.

En 1830 les distances se rapprochèrent encore et la royauté avait baissé tellement, que le trône fut occupé par un roi se disant citoyen.

Enfin, en 1848, le peuple devint tout, la royauté disparut, et une égalité politique exista en France, au moyen du suffrage direct et universel.

Pourquoi, en présence de ces résultats, ne renoncez-vous pas à vos plans de résistance stérile et ne cherchez-vous pas à diriger la marche de la démocratie ?

Vous savez avec quelle facilité elle a su vous annihiler, détruire la royauté et prendre sa place; vous faites semblant d'ignorer que rien ne pourra la dompter, et vous osez songer encore à rétablir un trône en France, et à y placer un souverain quelconque, tenant plus au titre qu'au nom et au mérite!

Et qu'avez-vous donc fait, au moins, pour mériter la sympathie du peuple, auquel vous voulez enlever le pouvoir? Rien, absolument rien. Vous avez établi des impôts indirects écrasants et vous laissez toujours subsister ces lois sur les céréales qui le ruinent au profit de quelques privilégiés; vous avez toujours négligé ses intérêts pour ne servir que les vôtres.

Vous osez penser à la monarchie quand le peuple a renversé en trois ans, puis en trois jours, et enfin en trois heures, celles dont vous souteniez l'existence; ce peuple que vous voudriez dominer résistera facilement à vos attaques; car il a su défendre contre l'Europe sa première révolution, et faire accepter pacifiquement ses deux dernières; il serait soutenu maintenant par les différentes nations qui lui ont donné des gages de sympathie et qui se sont montrées prêtes à imiter son exemple.

Remarquez donc que vous avez voulu bien des fois suivre la marche que vous avez adoptée aujourd'hu et que vous n'avez obtenu aucun résultat; chaque compression a inévitablement abouti à une explosion de plus en plus désastreuse pour vous. Ainsi, le triomphe du peuple est certain, il sera complet; car il a acquis l'instruction qui lui était nécessaire pour marcher avec conviction vers le progrès; il s'instruira encore malgré toutes vos lois qui ne ressemblent qu'à des enfants mort-nés.

Républicains démocrates, le grand secret de l'avenir ne présente ni complications ni difficultés ; soyez calmes et appréciez à l'œuvre vos adversaires impuissants et que les peuples vous voient toujours pleins de patience, de résignation et de dignité.

En définitive, il résulte de tout ce qui précède les faits suivants : 1° Il y a à peine soixante ans la royauté était tout en France, et alors le peuple n'était rien ; enfin les positions changèrent tellement que le peuple devint tout et la royauté rien : la France est démocrate.

La réaction a agi, comme elle fait maintenant, à toutes les époques de notre histoire, et jusqu'à présent elle a toujours eu le même sort, chaque fois qu'il a plu au peuple de souffler dessus.

2° La résistance des privilégiés est de plus en plus impossible, puisque la progression de la force du peuple comme de ses convictions est constamment devenue de plus en plus irrésistible.

Nos burgraves n'enchaînent le peuple que pendant son sommeil et ses travaux paisibles ; mais aussitôt qu'il se réveille et fronce le sourcil, tout, chaînes, liens et burgraves ont disparu : il est libre et maître.

Alors, jetant un regard dédaigneux autour de lui, il n'aperçoit plus aucun de ces tremblants ennemis, qui, glacés d'effroi et déjà réfugiés dans leurs caves, attendent, avant d'en sortir, un nouveau sommeil du peuple.

Leur règne est fini.

3° Si les peuples européens ont après 1789 refoulé

l'idée française et l'ont vaincue après une lutte terrible de vingt-trois ans, ils ne recommenceront point, parce qu'ils reconnaissent qu'ils ont été joués et trompés; ils ont vu que que leurs rois et leurs privilégiés, convaincus des sentiments sympathiques des peuples pour l'idée française, n'ont pas osé après 1830 faire marcher leurs serfs contre nous.

Plusieurs nations nous ont imités, mais leurs tentatives n'eurent pas de suite.

4° En 1848 tous les rois et tous les peuples avaient acclamé avec enthousiasme la proclamation de notre République; plusieurs peuples, nous imitant, firent chez eux des révolutions plus ou moins démocratiques : elles sont comprimées par la force; mais les peuples ne sont ni des sourds, ni des muets, ni des aveugles.

5° Nos directeurs font trop tard des efforts inutiles pour empêcher l'instruction du peuple; il leur aurait été certainement beaucoup plus facile de l'arrêter avant 1789, que de la faire rétrograder, maintenant qu'elle a vu et touché le but de ses justes espérances.

Leur conduite irréfléchie et violente fait le mal sciemment et inutilement; faire périr ou ruiner mille ou cent mille démocrates, n'est pas détruire le principe régénérateur.

6° La petite propriété absorbera la grande, et elle appelle le prolétariat laborieux à suivre son exemple : elle est maîtresse de l'avenir.

Il vaudrait mieux donner du pain à ceux qui ont faim et des secours à ceux qui souffrent que gêner l'instruction du peuple.

Enfin, bon gré mal gré, la base de l'avenir a été irrévocablement posée dans l'article 2 de la charte de 1814, maintenu en 1830 et en 1848; les principes moraux et sociaux des démocrates sont tellement évidents et irrécusables qu'ils viennent d'être proclamés en 1850 par la commission des trente représentants du peuple à l'Assemblée législative, dans leur rapport sur la prévoyance et l'assistance publiques.

Il sera impossible de les renier quand nos directeurs croiront qu'il ne leur sera plus utile de les affirmer; ils appartiendront alors à l'avenir social des peuples et à l'humanité, comme vérité aussi incontestée qu'incontestable.

Enfin les lois sur les céréales de 1814, 1819, 1821 et 1832, sont en complet désaccord avec les vérités reconnues par la commission des trente représentants; ces lois sont le rétablissement, sous une forme déguisée, de l'ancienne dîme.

Ces lois funestes ont causé de grands renchérissements de blés, des disettes et des famines affreuses depuis leur promulgation.

Ces lois sont la cause de la pauvreté et de la misère de beaucoup de citoyens honnêtes.

7° Le suffrage direct et universel réparera tous les torts du suffrage privilégié, et alors un homme vaudra autant qu'un autre homme, il aura des droits égaux.

Enfin les destinées de l'avenir s'accompliront aussitôt qu'un homme sympathique, se plaçant résolûment à la tête de la démocratie, la conviera avec conviction, avec hardiesse, modération et fermeté, à le suivre vers une nouvelle transformation pacifique de la société européenne.

Le peuple a besoin d'un organisateur qui l'éclaire et le pousse en avant; il faut qu'un homme sympathique, annonçant la doctrine nouvelle, méritant et inspirant toute confiance, donne le signal émancipateur; vous verrez alors l'Europe entière se lever en masse comme un seul homme; elle écoutera une voix amie qui lui criera : Peuples, debout! debout! la démocratie vous appelle! Allons, peuples, debout! l'heure de la délivrance, ANNONCÉE IL Y A DIX-HUIT CENT CINQUANTE ANS, a sonné enfin pour l'Europe et pour tous les peuples de l'univers. Mais celui-là seul, dont la parole désintéressée, nette et franche, appellera avec hardiesse et conviction le peuple à lui, sera écouté et suivi tant qu'il avancera sans hésitation comme sans faiblesse, tant qu'il n'appartiendra qu'à lui-même, tant que ses avis et même ses ordres faciles à comprendre seront exprimés avec fermeté et bienveillance.

Où trouver cet homme? Existe-t-il en ce moment?

Espérons; car dans toutes les époques de transition nous avons vu surgir instinctivement des hommes inconnus ou méconnus, qui ont guidé les nations à travers les siècles. Marchons donc résolûment vers l'avenir de l'humanité.

Bonaparte, avant d'être le général d'Italie, précurseur de Napoléon, ne vécut-il pas inconnu ou méconnu pendant sept ans dans le grade peu élevé de lieutenant d'artillerie?

Qu'étaient les Washington et les Franklin avant que l'heure de l'indépendance eût sonné pour les États-Unis d'Amérique ?

Ainsi des hommes nouveaux se feront connaître et conduiront la société nouvelle. Gardons-nous d'en douter. Après tous les bouleversements qui ont agité le monde, c'est la paix qu'il nous faut.

Washington, apparaissez, l'Europe réclame un génie organisateur !

FIN.

TABLE DES MATIÈRES.

FIN DE LA TABLE.

www.ingramcontent.com/pod-product-compliance
Ingram Content Group UK Ltd.
Pitfield, Milton Keynes, MK11 3LW, UK
UKHW022111190726
13855UKWH00002B/794

9 782012 996472